ストーリーでわかる「起業の科学」

超入門

田所雅之
TADOKORO Masayuki

朝日新聞出版

プロローグ

新規事業に挑む起業には、失敗がつきものである。そのことは、これまでに作られては消えていった、星の数ほどある**スタートアップ（Startup：新たな市場を見つけ、巨額のリターンを得ることを目指す未来志向の企業や組織）**が証明している。

と同時に、それらの事例は、スタートアップがどのような失敗に陥りがちなのかを教えてくれている。失敗に学べば、新規事業の成功確率を高めることができる。そのことは、２０１７年に上梓した『起業の科学』（日経ＢＰ）でも書いた。

しかし、『起業の科学』では伝えきれなかったことがある。それは、新規事業は、三歩進んで二歩下がるような紆余曲折を経て、ようやく成功にたどり着くという現実だ。

過去に学ぶことで、失敗の数は確かに減らせる。しかし、最初から失敗を避けていては、スタートを切ることさえできない。**大切なのは、失敗を避けることではなく、あらかじめ失敗への対処法を心得ておくことだ。そうすれば、失敗を恐れずに挑むことができるし、致命的な失敗を避けることもできる。そして、前向きな失敗から「学習」することが重要だ。この「学習量」が新規事業の明暗を分ける。**

そんな挑戦を後押ししたいと思い、「新規事業のリアル」をストーリー形式で表した本書を書いた。

・・・・・

本書の主人公、山田創太郎は、大手釣竿《つりざお》メーカー「フィッシュマン」に新卒で入社し、約10年間、釣り用品を販売してきた営業マンである。

彼の生まれ育った故郷が水産業の盛んな町だったこともあり、小さい頃から、父親と毎週末釣りに行っていた。高校に入っても、釣りに没頭しすぎて、受験勉強の差し障りになると、両親に禁止されたくらいだ。

でも、夜中こっそり抜け出して、両親の目を盗んで釣りに行ったくらい、大の釣り好きだった。昔から、釣竿の知識については誰にも負けない、そんな自負があった。だから、就職活動でも、周りの友達が銀行や商社などを志望し、内定を取っていくのをはた目で見ながら、そんな業界には目もくれずに、国内最大手の釣具メーカーであるフィッシュマンに焦点を定めて、見事に内定を勝ち取った。

そんな山田も、気がつけば32歳だ。これまでやってきた営業に関しては、ある程度の経験を積み、「型らしきもの」を身につけたつもりでいた。「営業マンは、まず自分を売り込め」という上司の言葉が頭に染み付いていた。「何よりも大事なことは、顧客との人間関係を構築すること」。これをモットーに、これまでやってきた。もともと、人好きだったこともあり、営業は天職に思えていた。

しかしその後、新規事業を任された山田は、過去の成功体験などによって形成された行動パターンや発想が、新規事業推進の最大のネックになると気づくことになるのだが……。

・・・・・

ストーリーの合間には、57の「新規事業でハマりやすいワナ」をコラム形式で挿入した。**これらのワナの存在を知っておくだけでも、新規事業の成功確率を格段に上げることができる。**

では、第1章から、山田の失敗と、そこからの成長を追いながら、「新規事業のリアル」を見ていこう。

超入門　ストーリーでわかる「起業の科学」　目次

第1章

山田さん、初めての「新規事業」で失敗する

第2章

山田さん、「勝負する市場」を再検討する

第3章

山田さん、再び「顧客不在」のまま突っ走る

第4章 山田さん、「仮説検証」の方法を学ぶ

第5章 山田さん、「初めての顧客」に出会う

第6章

山田さん、「事業の持続可能性」を検証する

第7章 山田さん、ついに「課題解決策」を見つける

第8章 山田さん、「事業計画」を立てる

編集協力　松本浩伸
装丁　竹内雄二
本文デザイン　秋澤祐磨（朝日新聞メディアプロダクション）
図版制作　朝日新聞メディアプロダクション

第1章

山田さん、初めての「新規事業」で失敗する

「ひらめいたアイデア」に飛びつく

入社後10年間、営業一筋でやってきた山田は、「法人営業部第二課主任」になっていた。後輩もでき、彼らに手本を示す立場だった。仕事にやりがいを感じていたし、プライベートでは4年前に結婚して、今年2人めの子供にも恵まれていた。周りからは「家庭も仕事も充実した勝ち組」と見えていたかもしれない。

ところが、去年あたりから「本当に自分のキャリアはこのままで良いのか?」「ずっと営業だけを続けていいて良いのか?」と悩むことも多くなっていた。これまで身につけたやり方で、ある程度、成果を収めることができたし、一定の評価を得ることもできた。しかし、「50歳や60歳になるまで、今までと同じようなことをやり続けていいていいのか?」と漠然とした不安を持つようになったのだ。

3ヶ月以内にアイデアを見つけよ

そんなある日、フィッシュマン社内で部署異動の内示が発表された。

「内示：法人営業部第二課主任 山田創太郎 7月1日より、新規事業部への異動を命ずる」

この内示は、山田にとって〝青天《せいてん》の霹靂《へきれき》〟だった。山田は、キャリアについてぼんやりと悩み始めた1年前、人事に「機会があれば新しいことをやりたいです」と相談したことを思い出した。どうやら、それが考慮され、今回の異動になったようだ。

「人事に余計なことを言うんじゃなかった。し、しんきじぎょう……どうしたらいいのか？何から始めたらいいんだ?!」

内示が出ると、山田の頭の中が真っ白になった。「新規事業」に関しては、右も左もわからない全くの初心者だ。内示が出たその日は、眠ることができないくらい不安で押しつぶされそうになった。

山田が勤める株式会社フィッシュマンは、創業80年の老舗釣竿《つりざお》メーカーだ。1990年代後半の釣りブームに乗り、業績を大きく伸ばした。しかし、人口減少と長引くデフレに、リーマンショックの追い討ちがかかり、業績が悪化した。現在の売上は、全盛期の7割程度まで落ち込んでいる。

会社では、今の状況を打開すべく、様々な施策がトライされている。巷《ちまた》では「DX《ディーエックス》」、「DX」と騒がれているが、ご多分に洩れず、フィッシュマンでも、DXという言葉を耳にする機会が増えた。DXとは「Digital Transformation（デジタル・トランスフォーメーション）」の略で、ITを活用することにより、ビジネスモデルや組織を変革することを意味する。ちなみに、欧米では「Trans（交差する）」を「X」と略すことから、「DX」と呼ばれている。

ただ、社内では未だに一部の部署でファックスが使用されていたりもする。コロナ禍で毎週恒例の朝会をリモートで実施しようとするも、Zoom（ズーム）の使い方がわからない社員が続出したため中止となったし、簡易な書類一枚にハンコを押すためだけに出社する社員もいた。

先日、営業チームの若手が契約締結をウェブ上で完結させるサービスである「クラウドサイン」の導入を上司に提案したところ、「契約書は紙と印鑑なんだよ！　社長は紙に印刷してない書類には目を通さないんだよ」と一蹴されたことを、山田は覚えていた。

フィッシュマンは、そんなエピソードが色々と聞こえてくる、古い体質が今なお残る「昭和な会社」であり、DXやデジタルから「遠い」企業なのだ。

そんな社内で最近、「DX」と並んで飛び交っているワードが「新規事業」だ。創業者である鮪谷《まぐろだに》社長は、一代で親から引き継いだ旧来型の釣具店を今の規模まで持ってきた叩き上げの人物だ。齢《よわい》60を超えても現場に出向くバリバリの現役である。社長は、最近スマホを購入してようやく操作を覚えたらしい。そのことで得意気になり、周りに対して「今こそ新規事業だ！　うちもデジタルを使って何かやろう！」と号令をかけたことから、「新規事業部」が始まった。社長が大株主でもあるオーナーカンパニーでは、こういう社長の一言で、ものごとが進むケースが非常に多い。

鮪谷社長の一声は、社内でも絶対的な影響力を持つ。その号令がかかってから3ヶ月後に新規事業部ができ、社内の「若手」で「新規事業希望」を出していた山田が配属されたということだ。会社の平均年齢は45歳。その中で32歳の山田は、かなり若手の部類に入る。

山田は新規事業部に入った後で気づいたことがある。それは「若い」という理由で新規事業ができるわけでもないということだ。正直、新規事業と言われても何をすればよいか全くわからなかった。しかし、彼に与えられたミッション（使命）は、転属から3ヶ月以内に「何かアイデアを見つけて起案すること」だった。とりあえず、色々な「新規事業ウェビナー（ウェブセミナー）」に参加したり、ネットサーフィンをして、「新規事業」について調べたりすることから始めた。

しかし山田は、活動量は増えるものの、これといったアウトプットができず、時間ばかりが過ぎて、焦りが募っていた。

舞い降りた「アイデア」

そんな時、山田が何気なくテレビ番組を見ていると、漁師がインタビューに答えていた。

「最近、魚が全然釣れなくて困ってる。これじゃ生活できないよ。漁師業も、親父の代からやってきたが、息子も東京で就職してしまったし、俺が引退したら、もう廃業だな。こんなに儲からない職業は、結局先細ってしまうんだよ」

フグテレビの「これでわかった！漁師の今」という番組で、その中で「日本は少子高齢化と、魚離れが進み、日本の漁獲量は1980年代以降、右肩下がりで減少している。1980年代は1200万トン前後だったが、2020年は420万トン程度だ」と説明されていた。

その時、山田の頭の中に突然、アイデアがひらめいた。

「漁師……魚が釣れない……先細り……これだ！」

フィッシュマンの子会社の中には、魚群探知機を製造している会社もあ

新規事業でハマりやすいワナ ①

新規事業には「アイデアのひらめき」が大事と思い込む

皆さんにも、ずっと悩んだ結果、「アイデアがひらめく経験」があるだろう。時間をかけて悩んで考え抜いた結果、そのかけた時間や悩みの深さに比例して、そのアイデアに価値があると思えてしまう。

さらに、これが「新規事業のアイデアのひらめき」になると、それが「世界を変える可能性を秘めているかもしれない」と興奮が湧き上がり、周りが見えなくなる場合が多い。そういう思いを抱くのは悪くない。しかし残念ながら、自分の頭の中で考えを巡らせて出てきた新規事業のアイデアは、あくまで、妄想にすぎない。

本書で詳しく解説していくが、**新規事業の起案で、常に軸にすべきことは「誰の」「どんな課題」を解決するのか**である。つまり、常にターゲットとなる顧客との対話を通じて、解決すべき課題に「気づいていくこと」、そこをベースにして、アイデアを磨いていくことが大事になる。「ひらめき」に頼りきりになるのではなく、最初に出たアイデアはあくまで「仮説」であり、「仮説」は常に「覆される可能性」があることを認識する必要がある。

る。株式会社フィッシュサーチだ。魚群探知機は通常、漁船に取り付ける。探知機のセンサーを使い、その漁船の周辺に魚がいるかどうかを確認する仕組みだが、それを付けた釣竿を漁師向けに販売すれば売れるかもしれない。山田は「魚群探知機付きの釣竿があれば、釣りや漁の効率は劇的に高まるはずだ！」と考えた。

山田は、とんでもないアイデアを思いついてしまったと、高鳴る鼓動を抑えきれずにいた。「このアイデアを思いついたのは世界で自分だけかもしれない」と思い、次の日に誰かに話したくてたまらなくなった。

山田は、**テレビの情報（漁師の「魚が釣れない」という言動）をインプットして、そこに顧客課題があるかどうかをあまり調べず、ソリューション（「魚群探知機付き釣竿」という解決策）に飛びついた**のだった。

「イノベーティブな」事業創造提案

次の日、魚群探知機付き釣竿のアイデアを、山田は上司である佐藤部長に提案した。

山田は、提案する時に、きちんと論理立てる必要があると考え、ＳＷＯＴ《スウォット》分析をしてみた（図表1）。Google（グーグル）で、「新規事業」というキーワードで検索した時に、「最初にＳ

WOT分析をして、事業全体を見渡すと良い」と出てきたからだ。

・・・・・

山田「部長、ものすごい新規事業のアイデアが浮かんでしまいました！　漁師向けの魚群探知機付きの釣竿です」

佐藤「ふむふむ。詳しく聞かせてくれ」

山田「はい、これは、我々にとって、素晴らしい事業になると考えています。こちらのSWOT分析をご覧ください」

佐藤「なるほど、よく分析できているじゃないか。『当社のテクノロジーを活かせる』と『イノベーティブな事業創造』というところが気に入った。社長も『デジタルを活用して事業を作れ』

図表1　SWOT分析

Strength	Opportunity
我々の強みは？ ●認知度 釣竿メーカーとして、認知度が高い ●営業力 国内の小売販売店とのネットワーク ●技術力 フィッシュサーチ社が持つ魚群探索技術	**どんな機会がありそうか？** ●イノベーティブな事業創造 当社テクノロジーを活かしたイノベーティブな事業創造の機会 ●釣りの効率化ニーズ 後継者が減っていく中で、漁師は釣りを効率化したいと考えている
Weakness	**Threat**
克服する弱みは？ ●営業力の属人化 個人の力量に頼った営業スタイルで、人によってパフォーマンスにムラがある	**何が脅威になりそうか？** ●釣り人口の減少 年々釣りをする人口が減っている ●競合の存在 後発の競合が模倣してくる可能性

と口癖のように言っているしな。魚群探知機付きの釣竿は、俺も、なんとなく考えていたところだったよ」

山田「ありがとうございます！」

佐藤「そういえば、先週、友人で釣り好きのやつがいるから少し話を聞いてみたんだが、『魚が獲れないのを楽しむのが釣りですよ』なんて言われてね。でも、魚はやっぱり獲れたほうがいいだろう。特に、漁師たちは、魚で生計を立てているわけだからな。そういえば、競合他社も少し前に似たような製品を出していて話題になっていたな」

山田「はい、そう思います。きっと売れるはずです。加えて、我々のグループ会社であるフィッシュサーチの魚群探知機を釣竿に取り付けることができます。フィッシュサーチの売上も上がるので、グループ全体にとって、メリットがあると思います」

佐藤「そうだな！　偶然にもフィッシュサーチの役員とのアポがあるから、今回の件、さっそく話してみるよ」

山田「はい！　よろしくお願いします！」

・・・・・

思いついたアイデアが部長に認められただけでなく、グループ会社の役員への根回しもしてくれるという。仕事が前に進んだ感があった。山田は新規事業部に移って3ヶ月、なかなかいいアイデアが出ずに悶々《もんもん》としていたが、少し肩の荷が下りた気がしたのだった。

それから1週間後、佐藤部長の役員への根回しと社長への進言が功を奏し、「新規事業プロジェクト」として魚群探知機付きの釣竿を開発することが決定した。商品名は「フィッシュファインダー」になった。グループ全体にメリットがあること、競合他社が既に同様のプロダクトを販売していて話題になっていることが評価されたらしい。そして何より「デジタルを活用したイノベーティブな新規事業」というのが、社長の琴線に触れたらしい。

とにもかくにも、アイデアが認められた山田は非常に喜んだ。まるで我が子のように、自分のアイデアが可愛くて可愛くて仕方がなかった。それに加えてプロジェクトが社内に内示された時は、新規事業担当者として認められたという実感が湧いてきたのだった。

後になって山田は重大なミスに気づくのだが、この時はまだ、どんな商品を作ればみんなが驚いてくれるかばかり考えていた。つまり、**どん**

新規事業でハマりやすいワナ ②

SWOT分析に頼る

SWOT分析は、現状の認識力を高めるためには有効だ。しかし、新規事業を考案する時にはあまりオススメしない。なぜなら、SWOT分析は、「自社」の「今」を起点にしているからだ。**新規事業は、常に「顧客」と「少し先の未来」の視点を起点にすることが大事**だ。

なプロダクト・製品を作ったらいいのかばかり考えていて、顧客がどんな課題を持っているのかは、全く検証していなかったのだ。

社長の肝煎りで始まった新規事業の提案は、社内でたちまち話題になり、社内にいる各関係者が、色々な機能追加を提案してきた。最初は釣竿に魚群探知機を付けたシンプルな設計だったが、魚をおびき寄せる音を出す装置を付けたり、デザインをオシャレにするために高級なカーボン素材を採用したり、〝デジタル時代に対応するため〟という名目でタッチパネルを付けたり、機能だけがどんどん豪華になった。同時に、コストがかさみ、発売額も9万8000円（税別）と非常に高額なものになった。つまり、「MVP」からは程遠い製品になってしまっていたのだ。

なお、**MVPとは「Minimum Viable Product（ミ**

新規事業でハマりやすいワナ ③

いつの間にか「高機能なもの」を作ることが目的になる

顧客課題ではなく、自分たちが作れるものや作りたいものに焦点が当たってしまい、高機能なものを作ることが目的になってしまう。これは、特に1980年代～1990年代のインターネット登場前に成功し、大きくなった企業では、ありがちなワナだ。

当時は「高機能にすればするほど顧客価値が高まる」というコンセプトのもと、新商品の開発が行われていた。しかし、**インターネットやスマホが登場し、「機能価値」よりも、「体験価値」や「自己実現価値」などが重視される時代になってきたことへの留意が大事**である。

ニマム・バイアブル・プロダクト）」の略で、「必要最低限の機能だけを搭載した製品」を意味する。思いついたアイデアに全精力を注ぐ前に、今進もうとしている方向性が正しいのかをユーザーの反応を見て確かめる際にとても有効である。MVPの重要性については後（第3章）で詳しく解説する。

バイアスだらけの顧客ヒアリング

山田は、「新規事業といえば、顧客ヒアリングだ」ということを聞きかじっていたので、漁師に対して顧客ヒアリングも何度も行った。

ヒアリングでは、まず、山田から、魚群探知機付きの釣竿の機能説明や、それらによって釣りの効率がいかに良くなるか（魚のいる位置がわかる機能、魚をおびき寄せる音波の発信機能、タッチパネル、軽量なカーボン素材など）の説明を15分ほどかけて行った。

その説明が終わってから、山田は次のような質問をした。

「こんな機能満載の弊社の商品ですが、使いたいと思いませんか？」

「あったら良いと思いませんか？」

結果は、100人中80人がポジティブな回答だった。

この「ポジティブなフィードバック」は社内で報告され、「これはいけるかもしれない!」という空気感が日増しに強くなっていった。

そして3ヶ月後、ついに新製品「魚群探知機付き釣竿　フィッシュファインダー」の発売日を迎えることになる。

「機能が豊富」を謳《うた》ったプレスリリースを打つやいなや、多くの媒体で拡散された。同時に、ガジェット好きが読む雑誌からの取材の申し込みが入ったり、自社のFacebookの投稿にもたくさんの「いいね!」が付いた。

それらを見た山田は、「やっぱり漁師が求めていたものは、これだったんだ!」と確信を深めたのだった。

痛恨の失敗

ところが実際には、最初の1週間で、もの好きな人が少し買っただけで、肝心の売上はほとんど伸びなかった。さらに、ターゲットとして考えていた漁師は、誰も買わなかった。当初の好感触は、ただ単にもの珍しさに飛びついた人たちの、一時的なものだったのだ……。

非常に焦った山田は、ヒアリングをした漁師たちに、改めて聞き込みをしてみた。しかし、返ってきたのは、意外な答えだった。

「すごい商品だと思うけど、とりあえず今の釣竿でがんばってみるよ」（漁師A）

「お金がないから、また余裕ができたら検討してみるよ」（漁師B）

アンケートではポジティブな回答をしていた漁師ですら、実際にフィッシュファインダーを購入してくれる人はほとんどいなかった。

諦めきれない山田は、さらに粘り、「そ、そんな……この魚群探知機付きの釣竿って使ってみたいと思いませんか？　これを使うと、漁の効率がすごく上がりますよ」と尋ねてみた。しかし、購入すると言ってくれる人の数は増えなかった。

漁師の中の一人が話してくれた「効率？　効率性なんかは、大事じゃないよ。ただでさえ、天候に左右される商売で、収入も安定してないのに、道具にこんなにお金をかけられないよ」という答えが、買わない理由を象徴していた。

最初の3ヶ月で、店頭で1万本売れると見立てて、全店舗合わせて1万本仕庫を抱えてもらった。しかし、蓋を開けてみると3ヶ月経っても、結局200本しか売れなかった。

「これは、まずい」と、赤字覚悟で、価格を30％オフの6万8600円に値下げした。しかし、効果は薄く、キャンペーンを始めた週に20～30本売れた程度だった。また、折込みチラシなどの販促キャンペーンを打ってみたが、ほとんど効果はなかった。

ついには、提携している釣具の小売店から、返品の要望が相次ぐようになった。

新規事業でハマりやすいワナ ④

バイアスのかかった顧客ヒアリングを無自覚にする

山田の顧客ヒアリングの方法（25ページ参照）は、自分たちのプロダクトに対してポジティブなフィードバックが受けられるように、バイアス（偏り）がかかってしまっている。**自分のアイデアを認めてほしいという思いが強いあまり、無意識に顧客から「Yes」という回答を引き出すための説明と質問をしてしまっている**のだ。

取引先の釣竿メーカーの担当者がわざわざ新商品を持って説明しに来た後に、「どうですか？」と聞かれることを想像してみてほしい。「お金を払って買ってくれ」と言われているわけでもないので、よほどのことがない限り、「No」とは言わないだろう。こういう訊き方をされた場合、**顧客は悪気なく嘘をつく**のだ。嘘をつくというより、はっきり言うと「どうでもいい」と感じているが、そう言うと失礼に当たるので、口には出さないのだ。

質問者自身に質問を通じて顧客の回答を誘導しているという自覚が全くないがために、自分たちのバイアスを意識できず、間違った方向に進んでしまう（人が欲しがらないものを作ってしまう）。

そう、山田が手掛けた初めての新規事業プロジェクトは失敗に終わったのだ。

しかし山田には、なぜ失敗したのかがわからなかった。進んできた道は正しいと信じていたし、「自分には事業を作る才能があるのでは？」と少し得意になっていたので、ショックは大きかった。

それにもまして、損失を出してしまい、会社に迷惑をかけてしまったことが気がかりだった。また、上司である佐藤部長のメンツも潰してしまった。罪悪感に苛《さいな》まれた。

「フィッシュファインダー」の回収には、3ヶ月を要した。この3ヶ月は山田にとって、最も辛い期間だった。一軒一軒のお店を回って、頭を下げながら、売れ残ったフィッシュファインダーを回収した。

この一件から、山田に与えられたミッションに対するプレッシャーはさらに強くなった。

「次の新規事業こそ、成功させろよ。さもなければ、お前はうちでは用無しだ。次がラストチャンスだ」という無言のプレッシャーがかかっているようだった。

第2章

山田さん、「勝負する市場」を再検討する

すべては「顧客課題」から始まる

どうやって新規事業を立ち上げたらいいのか、はっきり言ってわからずに、山田は迷走していた。悶々《もんもん》とした日が続く中で、大学時代の親友から「久しぶりに飲みに行こう」と連絡が届いた。

その友人は、今、スタートアップで働いている。新規事業がうまくいかない、という悩みを打ち明けると、一冊の本をすすめられた。『起業の科学』だった。

『起業の科学』との出会い

「変わったタイトルだけど、面白そうだな」と思った山田は、Amazon（アマゾン）で本のレビューを見てみた。すると、この本を読んで、新規事業のヒントを得た人が多くいることに気がついた。

ワラにもすがる気持ちで『起業の科学』を購入した山田は、週末に時間を取って読み進めることにした。まず、300ページ近くある本の分厚さに驚いたが、図が多く、意外にもスラスラと1週間程度で読み終えてしまった。

分厚い本を読み終えた山田は、達成感も相まって、新規事業担当者として少しレベルアップした感覚になった。しかし、少し時間が経つと、なんとも言えないモヤモヤした気持ちが山田を包み込んだ。読み終えたものの、本当に理解したとは言い難かったからだ……。

山田はひとり呟《つぶや》いた。

「で、俺は何をやればいいんだっけ?」

数学で「公式はなんとなく理解できたけど、問題は解けない」という感覚に近いのかもしれない、と山田は思った。しかし、本の中で、様々な新規事業の重要なコンセプトに出会った感触はあった。山田は、ダメもとで、『起業の科学』の著者の田所が経営する会社に、直接、田所に会って相談できないかを問い合わせてみることにした。

「ペルソナ」は見えているか？

すると、2日後に返事があったのだ！

現在、起業家向けの塾「スタートアップ経営者塾」をやっているそうで、定期的にアドバイスを受けられるとのこと。山田は、さっそく塾に申し込み、数日後に田所の会社に足を運んだ。

山田が今までの経緯をすべてこと細かに説明した後、田所のヒアリングが始まった。

・・・・・

田所「ご説明ありがとうございます。では、さっそくですが、御社の新規事業について教えてください」

山田「え？　それは先ほど説明した通り、魚群探知機付きの釣竿を……」

田所「いや、**ソリューション（Solution：解決策）を訊いているのではなく、『誰の』『どんな困りごと』を解決しようとしているのかを訊いている**のですが」

山田「誰の、どんな困りごと……」

田所「多くの人はどのように解決するのか、ばかり考えてしまい、誰の、どんな困りごとを解決するのかという根本となる部分をないがしろにしてしまいます。いきなりソリューションを考えるのではなく、**まず顧客の課題を検証する『カスタマー・プロブレム・フィット』を目指し、その後に、ソリューションを検証する『プロブレム・ソリューション・フィット』を目指してみることから始めてください**」

山田「すいません。そのカスタマー・プロブレム・フィットとか、プロブレム・ソリューション・フィットとか、難しい単語がありますが、どういう意味でしょうか?」

田所「失礼しました。こちら（図表2）をご覧ください。これは、私が『起業の科学』などで提唱している、新規事業を立ち上げる際のプロセスになっています」

山田「なるほど。まずは、『Customer Problem Fit』を目指すのですね。それから『Problem Solution Fit』、そして『Product Market Fit』を目指すんですね」

田所「はい。追々詳しく解説していくことになると思いますが、簡単に説明すると、**『Customer Problem Fit（CPF）』は『顧客と課題の一致』、『Problem Solution Fit（PSF）』は『課題と解決策の一致』、そして、『Product Market Fit（PMF）』は『製品と市場の一致』をそれぞれ意味しています。この順番が非常に大事になります。**
では、今回の新規事業の顧客は誰でしょうか?」

山田「漁師さんです」

田所「漁師の名前、年齢、出身、学歴、家族は？」

山田「……」

田所「ユーザーの〝人となり〟を具体的にイメージするということは、とても重要です。漁師さんという**〝名無しのゴンベエ〟のままではダメ**なんです」

山田「そんなの実際はわからないですよね？　何でもいいからプロフィールを設定するってことですか？」

田所「何でも構わないというわけではありません。もし、山田さんが今、具体的に1人をイメージすることができないならば、実際に、顧客に会いに行ったり、リサーチしたりして具体的な想定ユーザーを1人明確にする必要があります。この**具体的な想定ユーザーのことを『ペルソナ(Persona)』と言います**」

山田「なるほど。でも、その……そんな設定に何の意味があるのでしょうか？」

田所「**重要なのは、徹頭徹尾、顧客視点で考えていくこと**です。

図表2　新規事業を立ち上げる際のプロセス

事業のステージ	Idea Verification	Customer Problem Fit	Problem Solution Fit	Product Market Fit	Unit Economics	Scale
チェックポイント	狙うべき市場を検証しPlan A(初期段階での最善の仮説)を作成できたか？	カスタマーとの対話を通じて、質の高い課題仮説を言語化できたか？	カスタマーとの対話を通じて、適切なソリューションを提供できるプロトタイプを作れたか？	カスタマーが欲しがるものを作れたか？	ビジネスをスケールするためにUnit Economicsを健全化(LTV>CPA)できたか？	

特に、事業の初期フェーズには、この思考が非常に重要です。実際に、実物に会ったことや話したことがない場合は、最初に立てるペルソナは、もしかして、信憑《しんぴょう》性がないかもしれません。ただ、顧客は誰なのか、その仮説を描くことから始まります。

もちろん、**ペルソナは一度決めたら終わり、というものではなく、実際のユーザーとの対話やフィードバックを通じて更新していくもの**です」

山田「なるほど。ペルソナって、一度作ったら終わりではなく、どんどん更新していくんですね」

田所「**スタートアップにとっては、ペルソナを考えたり、そのペルソナの課題を考えたりする『仮説思考』が非常に大切**です。仮説とは、その時点で判明しているベストなアイデアのことです。例えば、顧客仮説や課題仮説を立ててみると、『ユーザーのこういうところを知らない』『ユーザーのこういう行動特性についてわかっていない』『ユーザーがどのシーンで困るのかわからない』などの、自分たちが『何について知らないのかを知る』ことができます。

仮説を通じて『無知の知』になれるのです。仮説を立てる前は、何について知らないのか知らない状態、つまり『無知の無知』ですね。顧客やその課題について、『深く知った』状態に至るには、まず、『無知の無知』から『無知の知』の状態になり、さらに知るべきことがきちんと理解できている『知の知』の状態になる必要があります。『無知の無知』からいきなり、『知の知』へは飛べません」

山田「なるほど、確かに、漁師のペルソナという顧客仮説を立てることで、『自分は顧客について実は何も知らなかった』、つまり『無知の無知』である、と思い知らされました。現場に行って、もっと彼らの心理状態や、何に困っているのかを知る必要を感じました」

「センターピン」を狙え

田所「また、**ペルソナを設定することでターゲットとなるユーザー像を絞り込むことができます。**これによって八方美人なプロダクトを作ってしまうことを避けることもできます」

山田「多くの人に知ってもらって使ってもらえる製品のほうが良いのではないでしょうか」

田所「**新規事業を成功させるポイントは、ある特定のユーザー、特にアーリーアダプターと言われる、初期ユーザーを見つけること**です。その人の心に激刺さりするプロダクトを作るのが定石です。初期にはリソース（資源）が限られています。**限られたリソースを、どこのセグメント（集団）に向けて活用するかがキーになります。**山田さん、GAFA《ガーファ》ってご存知ですか？」

山田「はい、Google、Apple（アップル）、Facebook、Amazonのような世界に名だたるＩＴの超大企業のことですよね？」

田所「はい、そのＧＡＦＡも、例外なく最初は小さなベンチャーでした。創業当時の彼らには、今のように豊富なリソースやお金がないので、攻める市場セグメントを絞り込む必要がありました。これを私は、**〝センターピンの見極め〟**と呼んでいます。ボーリングのセンターピンのように、倒すべきピンを見つけるということです」

山田「ＧＡＦＡも、最初はセグメントを絞り込んで、市場を攻略したんですか？」

田所「その通りです。Googleは、最初はスタンフォード大学向けの検索エンジンを作りました。Appleは、西海岸に住んでいるオタク向けにパソコンを作りました。今、世界中で使われているFacebookも最初は、創業者のマーク・ザッカーバーグが当時通っていたハーバード大学から始めました。Amazonは、今や世界で最も大きなＥＣ（電子商取引）の会社ですが、最初は本だけを扱ったのです。今でこそ、あらゆるものを扱っているAmazonですが、彼らのセンターピンは本でした」

山田「確かに、僕が子供の頃は、Amazonといったら、本屋のイメージでした。でも、いつの間にか、色々なものを取り扱う会社になった気がします」

田所「戦略という言葉をご存知だと思いますが、**『戦を略する』で戦略**です。つまり、どこで戦う（どのセグメントを攻める）のかを決める、逆に言えば、戦わない場所を決めることが非常に重要になります。みんなに好かれないといけないという思いは捨てたほうが良いです。あの有名なiPhoneですら、現在世界の1～2割程度の人にしか使われていない、と言われています。

つまり、世界で最も有名で、すさまじい売上を誇るAppleであっても、『攻めるべき市場』と『攻めるべきでない市場』を分けているのです」

山田「なるほど。でも、みんなに使われるプロダクトを目指したいです」

田所「最初からみんなに好かれようとすると、特徴がなくなってしまい、結局選ばれなくなってしまいます。『みんなに向けて作る』という指向性を持つと、誰にも使われないプロダクトになってしまうのが関の山です」

山田「そ、そうですね……『魚群探知機付き釣竿　フィッシュファインダー』を思い出しました。結局、色々な人の意見を取り入れて、焦点の定まらないプロダクトになってしまい、我々がターゲットとしていた漁師には、ほとんど売れませんでした」

「顧客視点」に立ち戻れ

田所「ペルソナを設定するもう一つの大事な目的として、社内メンバーの頭の中にある『顧客像』を統一し、メンバーの会話を顧客視点へ立ち返らせる効果があります。それをしなければ、メンバーが各々の頭に思い描いている顧客イメージはバラバラです。

顧客像について社内で議論する際に、参加メンバーが頭に思い描いている漁師像が違ったまま話が進んでしまうと、どんな機能や特徴を付けるのか、どんなデザインにするのか、など重要な意思決定をする際に、判断する軸がなくなってしまいます」

山田「確かに。上司を含め、社内を説得して承認を得ることが新規事業において一番難しいので、顧客像について共通理解を持つことはとても重要ですね」

田所「あとは、新規事業を考える上で最も重要な『顧客視点』へ立ち戻らせてくれます」

山田「立ち戻る？　立ち戻らなくても、顧客視点が重要というのは重々承知していますが」

田所「最初はそうです。最初の頃は顧客にインタビューする機会などがあり、顧客を軸として考えることができる傾向があります。ところが、社内で議論を重ねるにつれ、様々な論点が差し込まれていき、顧客視点がぼやけてきます」

山田「顧客視点がぼやけてくる？　どういうことですか？」

田所「社内で『別事業とのシナジーはどうなってるんだ？』『企業イメージを損なわないのか？』『3年で100億稼げるのか？』『うちの技術をどう活用するんだ？』などと日々言われ続けると、不思議なもので、初めはあれほど重要だと理解していた顧客視点がどんどん劣後していくのです」

山田「な、なるほど。確かに、失敗してしまったプロジェクトでは、こんなもの作りたい、こんな機能を追加したい、という話ばかりで、顧客から見た価値についてはほとんど議論がなされていなかったことを思い出しました」

田所「**ペルソナには、忘れかけた顧客視点を再び思い出させてくれる効果もある**のですよ。特に新しいメンバーが参画した時や、ビジネスパートナーに事業の説明をする時に、ペルソナなどを用いて顧客視点を共有することで、共通認識を持つことができるようになります」

山田「なるほど、初心を思い出させてくれるってことですね」

新規事業でハマりやすいワナ ⑤

顧客が「名無しのゴンベエ」のまま突き進む

具体的な手触り感のある「ペルソナ」（想定ユーザー）を設定せずに突き進んではいけない。**顧客が「名無しのゴンベエ」のままの状態でコミュニケーションが進むと、それぞれのメンバーが「自分に都合の良い顧客像」を設定してしまう。**

田所「では、さっそくですが、山田さんが考えている漁師のペルソナを設定してみてください」

山田「こんな感じでしょうか（図表3）」

田所「では、**仮説を深掘りするために思考を深掘りする『エンパシーマップ（Empathy Map）』**について解説します。英語で『他人の心情を汲むこと』を『Empathy』と言いますが、**このマップはペルソナの心の動きを想像して作ります**」

山田「心の動き……ですか」

田所「はい、現時点のペルソナにはまだ単なる年齢、職業のようなプロフィールの情報しかありませんが、そこに心理的側面を加えてみます」

エンパシーマップを作成するための質問

①このペルソナは日々何を考えて（感じて）いるのか？

図表3 ペルソナ

ペルソナ（ver.1）

- 氏名：浦島 翔太郎（32歳）
- 居住地：X県
- 釣る魚：マグロ
- 家族：妻、長女2歳、次女0歳
- 漁師になったきっかけ：父親の引退
- 年収：約400万円（年によって変動する）

（Think/Feel）

②このペルソナが周囲の人（友人・家族など）から聞く情報は？（Hear）

③このペルソナはどのような価値観を持ち、世界を見ているのか？（See）

④このペルソナの周囲への言動は？（Say）

⑤このペルソナは何に苛立ち、悩み、困っているのか？（Pain）

⑥このペルソナは何を得たいのか？（Gain）

山田「ここまで深掘りするんですね。まるで小説家になったような気分です」

田所「では、この漁師さん（ペルソナ）が抱えている悩みって何でしょうか？」

山田「悩み……漁師なので、思いつくのは〝魚が釣れない〟くらいですね。でも、確かに、魚が釣れないことが本当に悩みなのか、わからないですよね。直接インタビューして訊くしかないかと」

田所「先ほどもお伝えしたように、インタビューで訊く前に、自分なりに、現時点で考え得るベストな仮説を立てましょう。仮説がないままインタビューしても得るものは少ないです」

山田「そうなんですか？　直接訊けば、悩みってわかるもんじゃないのでしょうか？」

田所「インタビューに答える人も、自分自身の本当の悩みについて言語化できているケースは少ないです。この図（図表4）のように、**私たちはインタビュー相手本人も気づいていない、痛みの深い課題に気づくことが重要**なのです」

山田「なるほど、肝に銘じます」

田所「ところで、例の魚群探知機付き釣竿のリリース前に、顧客ヒアリングをされたとおっしゃっていました。そこで、どのような質問をされましたか？」

山田「えっと、普通ですよ。弊社の『魚群探知機付き釣竿　フィッシュファインダー』の特徴や機能を説明してから、『どう思いますか？』『使ってみたくな

図表4 **エンパシーマップ**

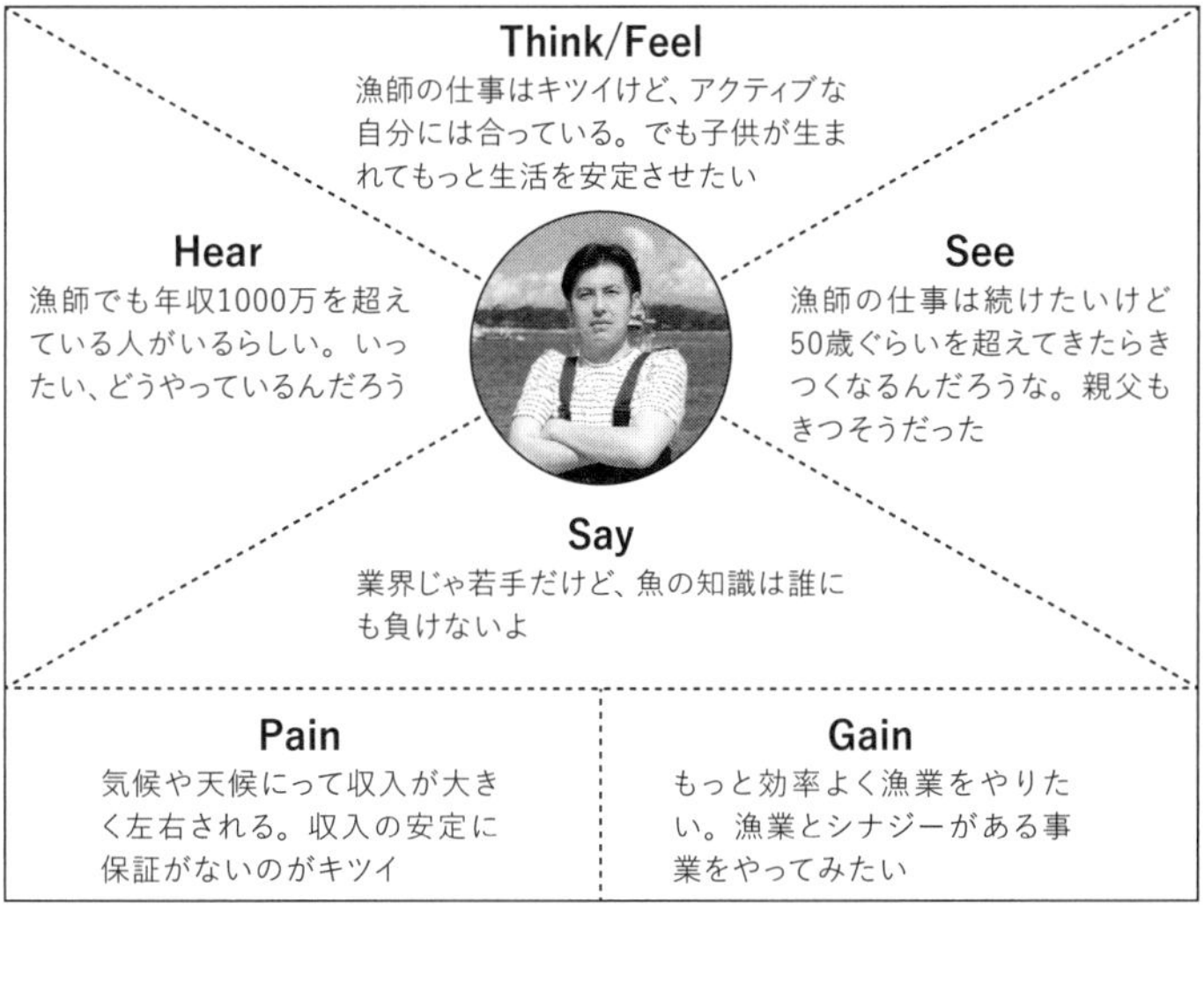

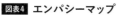

Think/Feel
漁師の仕事はキツイけど、アクティブな自分には合っている。でも子供が生まれてもっと生活を安定させたい
Hear
漁師でも年収1000万を超えている人がいるらしい。いったい、どうやっているんだろう
See
漁師の仕事は続けたいけど50歳ぐらいを超えてきたらきつくなるんだろうな。親父もきつそうだった
Say
業界じゃ若手だけど、魚の知識は誰にも負けないよ
Pain
気候や天候にって収入が大きく左右される。収入の安定に保証がないのがキツイ
Gain
もっと効率よく漁業をやりたい。漁業とシナジーがある事業をやってみたい

いですか?』って訊きました」

田所「その顧客ヒアリングの方法は全くダメですね」

山田「え？　どういうことですか？」

田所「私は今から講演がありますので、来週、また来てください。それまでに何がダメだったのかを考えておいてください」

山田「はい。ありがとうございました」

・・・・・

こうして、2時間に及んだ山田と田所の最初のミーティングは終わった。

「顧客ヒアリング」の落とし穴を知る

田所の会社を訪れた週の日曜日、お昼を過ぎた頃、山田が住んでいるマンションのインターホンが鳴った。

・・・・・

山田「はーい」

戸井「突然お邪魔して申し訳ございません。わたくし、おもちゃメーカーの開発をやっております戸井《とい》と申します。このマンションの方々に新製品のおもちゃのヒアリングをさせていただきたく。もちろん、おもちゃは後ほど差し上げております」

山田「おもちゃが無料ですか。いいですよ！　うちは子供が2人もいるので助かります」

戸井「ありがとうございます！　こちらのおもちゃをご覧ください。

弊社が欧米の有名ブランドとの5年の共同開発を経て完成した、集大成とも言えるおもちゃです。最新のIT技術を活用しており、また素材にもこだわっております。このネズミを触っているだけでお子様の脳の発達を促します。加えて、安全ですし、コンパクトで場所を取りません」

山田「開発に5年もかかったんですね。なるほど。ネズミ……ですか。まぁ、いいんじゃないですかね」

戸井「そうなんですよ！　ネズミという、一見すると、人間から忌避される生き物ですが、逆に、小さい子供の原始脳を刺激することによって、発達を促すという研究もあります」

山田「なるほど、そんな研究があるんですね。一度、うちの子でも使ってみます……」

戸井「ありがとうございます！　使用後に、このQRコードを読み取っていただき、アンケートに

新規事業でハマりやすいワナ ⑥

顧客の声を額面通りに受け取ってしまう

顧客の声は、時として、「素人の分析」にしかすぎない場合がある。**重要なのは、顧客の声を複数集めた上で、「その発言の裏側にある思考は何なのか」を分析していくこと**である。

山田は、顧客の声を集めていたが、それを表面的に受け取り、自分たちに都合がよいように解釈してしまっていた。結果として、誰も欲しがらないものができてしまい、プロジェクトは失敗に終わってしまった。157ページで解説するが、顧客が本当に欲しいものや、本当に困っていることは、顧客自身ですら「言語化」できていない場合が多い。その言語化を導き出すことが新規事業担当者にとって、最も重要な使命であることを理解する必要がある。

ご記入をお願いします！」

・・・・・

奇妙なおもちゃが、玄関先で手渡された。

ネズミのおもちゃを手にした山田は、妻が大のネズミ嫌いだったことを思い出し、自分の部屋のタンスの奥にしまっておくことにしようと、内心で考えていた。ただ、そのことを熱心な営業マンに伝えたらガッカリさせてしまうと思ったので、アンケートには適当に聞こえがいいことを書くことにした。

顧客は悪気のない嘘をつく

翌週の月曜日、山田は、再び田所のもとを訪れた。そして、週末の出来事、おもちゃのセールスマンの訪問について話した。

・・・・・

田所「それは良い経験をしましたね」

山田「良い経験？　あ、まぁ、無料でおもちゃがもらえたので」
田所「違いますよ。顧客ヒアリングの落とし穴がわかったんじゃないですか？」
山田「落とし穴？」
田所「じゃあ、山田さんは本当にそのおもちゃを、良いと思いましたか？」
山田「まぁ、5年もかけて開発したようですし、子供の頭に良いのなら、いいんじゃないかなって思いましたよ」
田所「では、そのおもちゃがおもちゃ屋さんに置いてあったら買いますか？　それにお金を払ってまで欲しいと思いましたか？」
山田「それは……絶対にお金は払いませんね。そんなよくわからないもの、買わないです。それに、うちの奥さんが大のネズミ嫌いだったことを思い出して、とても

新規事業でハマりやすいワナ ⑦

自分たちの新商品について熱心に顧客に伝える

新しいプロダクトを開発していると、どんどん愛着が湧いてくる。しかし、新規事業担当者がプロダクトに愛着を持っているからといって、それが顧客の本当に欲しがるものになっているとは限らない。

そうであるにもかかわらず、**新規事業担当者がプロダクトの良さを熱心に伝えると、顧客は「本当は欲しくない」と思っていても、担当者に悪いと思って嘘をつくケースが発生してしまう**ことがある。それを額面通りに受け取ってしまい、プロダクトに反映させることによって、結局、誰も欲しがらないものができてしまうということが起こり得る。

じゃないけど、うちの家庭では使えないと思いました」

田所「それが顧客の〝本音〟ですよ。目の前で、熱心な営業マンや開発者に『良いですよね？』って聞かれたら、よほどなものじゃない限り、『良いです』って答えてしまうものなんです」

山田「そうですね、悪気はなかったんですが……」

田所「そうなんです。顧客に悪気はないのですが、空気を読んでくれるのです。その提案をしている人の熱意があればあるほど、空気を読んで、本音としては、『どうでもいい』と思っているにもかかわらず、**その場を取り繕うために、顧客は悪気のない『嘘をつく』**のです。最も問題なのは、新規事業担当者は、このフィードバックを鵜呑みにして、自らの『バイアス（偏り）』をどんどん強化してしまうことです」

山田「なるほど、まさに、魚群探知機付き釣竿を起案し

新規事業でハマりやすいワナ ⑧

インタビューをする時に、インタビュー相手が誰かを確認しない

インタビューも、ただ闇雲にすればいいというわけではない。本当に欲しがっているユーザー——つまり、アーリーアダプター——としての要件（52ページ参照）を満たしているかを確認することが大事だ。

もし満たしているならば、インタビューを通じて良い「インサイト」（顧客自身も気づいていない課題や欲求）を引き出せるケースが多くなる。逆に、アーリーアダプターでない場合は、どうしてもインタビューに対する回答が表面的になってしまい、初期の新規事業において重要となるインサイトを獲得するのが難しくなってしまう。

ていた私ですね」

田所「ところで、今日の用件は何でしたか？」

山田「はい、先ほどの話にもつながるのですが、顧客インタビューのコツについてお聞きしたいと思っています」

田所「了解しました。**インタビューを設定する前に、まず重要な前提条件として、インタビュー相手が、アーリーアダプター（Early Adopters）かどうかを確認しましょう**」

山田「すみません。アーリーアダプターって、何でしたか？」

田所「**アーリーアダプターとは、課題を認識していて、積極的に課題を解決しようとしているユーザーです。初期ユーザーとも言えます。**もしかしたら、課題を解決するために、現状は、最善でない代替案を用いているかもしれません。

アーリーアダプターには４つの要件があります。

アーリーアダプターの要件

・予算取得済み、もしくは予算の獲得が可能

・別の製品の寄せ集めで、なんとかソリューションを持っている

・積極的にソリューションを探求している
・課題を認知している

山田「なるほど、でもどうやって、インタビュー相手がアーリーアダプターかどうかを見極めるんでしょうか？」

田所「インタビューする相手が、アーリーアダプターかどうかを確認するために、次のような質問をすると良いでしょう。

アーリーアダプターを見極める質問

・現状の課題を解決するためにどのような代替案を利用していますか？（How）
・その代替案の不満なポイントはどこですか？（What）
・この課題を解決できるならばいくらくらいの予算の確保が可能ですか？（How much）

田所「これらの質問に対して、明確な回答がある場合は、アーリーアダプターであると言えるでしょう。そういった意味で、おもちゃの営業マンの方は、山田さんが、アーリーアダプターかどうかを確認せずに、どんどんヒアリングを進めていましたね」

山田「はい、うちは、子供に対して、おもちゃを買い与えるよりも、外で友達と遊ばせるなど、のびのびと育てたいと思っています」

田所「そういった意味で、山田さんは、そのおもちゃのアーリーアダプターではなかったということですね」

山田「そうですね。アーリーアダプターか。なるほど、了解しました。今後は、確認するようにします」

「行動とプロセス」を尋ねよ

山田「では、インタビュー相手から本音を引き出すコツはありますか？」

田所「行動やプロセスを尋ねるようにしてください」

山田「行動やプロセス？」

田所「意見や感想などは、口では何とでも言えるんですよ。**『どう思いますか？』という意思や感想を訊くのではなく、過去に顧客がどんな行動を取ったか、その時にどんなプロセスだったのかを訊くのが有効**です」

山田「行動やプロセスを訊く時のポイントはありますか?」

田所「5W1Hを深掘りして訊くことが大事です」

山田「5W1Hって何でしたっけ? すいません、ド忘れしてしまい」

田所「いつ(When)、どこで(Where)、誰が(Who)、何を(What)、なぜ(Why)、どのように(How)ですね」

山田「なるほど」

田所「『最近、釣竿を買ったのはいつですか?』『釣竿はどこで買いましたか?』『釣竿はご自身で買うんですか?』『釣竿を買う時に、誰かに相談しましたか?』『なぜ、釣竿を買い換えようと思ったのですか?』『最近、どんな釣竿を購入されましたか?』『釣竿はどのような方法で購入しますか?』など、具体的に訊いてみて深掘りすると良いでしょう。そういった質問によって集めた顧客の行動情報から、顧客の課題に気づいていくことが新規事業では最も重要なのです」

山田「気づく?」

田所「『〇〇に困っていないですか?』と最初から〝誘導的〟に訊くのでなく、実際、顧客がいかに行動したのかという情報を集めていく。その中で、予期せぬ回答があるでしょう。そういった**予期せぬ回答から、顧客の抱えている課題を炙《あぶ》り出していく、**イメージです」

山田「なるほど、顧客に直接正解を訊くのではなく、炙り出していくんですね」

田所「その通りです。繰り返しになりますが、**顧客自身も気づいていない課題に気づくことが重要**なのです」

山田「なるほど、顧客インタビューについて理解が深まった気がします！」

田所「さらに、**現状の行動やプロセスをより詳細に記述するフレームワーク**を紹介します。これは**『カスタマージャーニー（Customer Journey）』**と呼ばれています」

山田「カスタマージャーニー。ジャーニーは、日本語では『旅』ということなので、直訳すると『顧客に旅をさせる』でしょうか？」

田所「そうですね。前に作った、ペルソナやエンパシーマップは、顧客の心理状態を表現するのに有効なフレームワークです。**カスタマージャーニーを通じて、顧客が実際に、どのように行動しているのかを描写します。**行動の際に何を考えているのか、悩んでいるのか、悩みを解決するためにどのような対処をしているのか、など、詳細に記述していきます。そうすることで、顧客すらも気づいていなかった悩みや課題に気づくことができるようになります」

山田「なるほど。人間は行動する中で心理状態も変化するし、具体的な行動を想定して初めて気づく悩みってありそうですね」

田所「では、山田さん、今回の事業の対象である漁師がどのような行動をしているのか、ジャーニーを一緒に書いてみましょう。この図（図表5）のように、まず、大まかな行動を書いてみて、そこから詳細行動を書いていきます。そこに付随する思考と感情も書き出してみます。その上で、それぞれのステップにおいて、どんな課題があるかの仮説を立ててみるのです」

山田「なるほど、行動だけでなく、感情や思考も書くんですね」

田所「カスタマージャーニーを書く時のポイントはこのようになっています。

図表5 カスタマージャーニー

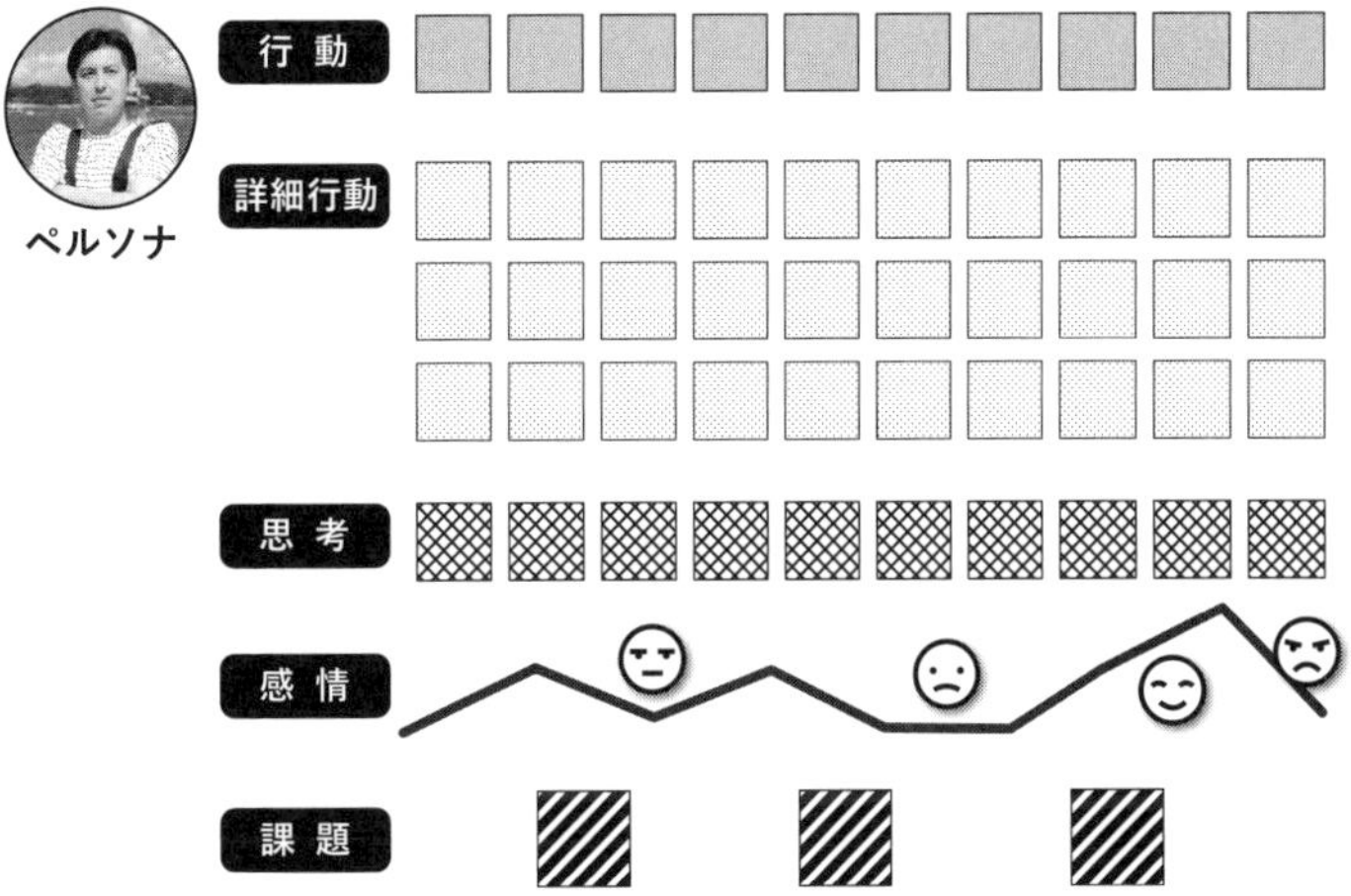

カスタマージャーニーを書く時のポイント

・アイデアについて考えた直後に、アイデアに関連する単語を書き留めておく
・説明はポストイットやカードに書き出す
・全員が見たり、指差したり、追加したり、動かしたり、することができるように、ポストイットやカードを並べる
・完全なものを作ろうとしない（定期的に更新する）
・カスタマーのペイン（顧客が感じている不満や不安など）を見つけるためのツールであり、万能ではないことを認識する
・ユーザーを頭で理解すると同時に、ユーザーを〝感じる〟ようにする

山田「なるほど、最初から完璧なものを作ろうとしないということですね」

田所「**ペルソナやカスタマージャーニーなどは、一回作成したら終わりというものではありません。**新しい情報が得られたら、仮説はその都度修正してより良いものにしていくものなのです」

山田「なるほど」

田所「では、このペルソナをジャーニーさせるつもりで動かしてみましょう。どんな悩みが出てきそうですかね？」

山田「そうですね……あくまでも想像なんですが、マグロを釣る漁師さんって荒波に揉まれながら、なんとかマグロを釣り上げて家族のために帰ってくる、海に一度出たら1年以上帰ってこれないというイメージです。なので、小さいお子さんがいる浦島さん（ペルソナ）は、漁の間、お子さんに会えなくて辛いのではないでしょうか？」

田所「いいですね。他には？」

山田「あとは、出荷の時には、卸売市場の人は顔なじみの方ばかりなので、父親と比較されるわけですよ。お父さんはもっと立派な大きいマグロを釣り上げてたよ、と。なんか、わかるなぁ」

田所「ペルソナに共感できるようになってきましたね」

山田「あとは2人めのお子さんが生まれたばかりなので、稼がないといけないという思いが強いと思います。漁師さんの給料って決して高いとは言えないですし、漁獲量も年々減少しているよ

新規事業でハマりやすいワナ ⑨

最初から仮説を完璧なものにしようとする

最初に書くペルソナや「カスタマージャーニー」（57ページ、図表5参照）は、あくまで初期仮説であり、その後の顧客との対話・観察・フィードバックを通じて、どんどん更新していく。**最初から100点を目指すのではなく、60〜70点レベルでも良いので、一旦仮説を出す**。そうすることで、スピード感を持って、顧客から学ぶことができる。

うですし」

田所「少しずつ仮説が立てられるようになってきましたね。重要なのでお伝えしておくと、これらの３つの方法は１００％正しい顧客の課題を見つけることのできる魔法のテクニックではありません。あくまでも仮説を立てる助けとなるツールにすぎないのです。あと、繰り返しになりますが、**仮説というのは、覆されるためにあり、覆されるたびにより良いものになっていきます**」

山田「なるほど。だから、インタビュー前に仮説を立てることが重要なんですね。質の高いインタビューをするための下準備って感じですね」

田所「そうですね。繰り返しになりますが、この段階でやるべきことは正解を探すことではなく、**可能な限り仮説の質を高める**ことです」

山田「確かに作りながら、顧客の行動にある要因や、前提条件について、不明な点がわかってきた気がします」

「Product Me Fit」という失敗

田所「改めて、漁師さんの最も大きな悩みって何だと思いますか？」

山田「お子さんに会えなくて寂しいってのもありますけど、やはり、ニュースでも見たように漁獲量が減り、その結果、収入が減って困っていることかと思います。となると、どうしてもよく魚が釣れる高性能な釣竿が必要なのではないかと考えてしまいます」

田所「多くの人は、漁獲量が減っているということが課題だとそのまま捉えて、ソリューション仮説を立てようとします」

山田「漁獲量の減少は漁師さんの課題ではなかったので、魚群探知機付き釣竿は誰も使いませんでした」

田所「課題の質を高めずに、ソリューションの質を高めてしまった感じですね。

図表6 「魚群探知機付き釣竿」が失敗した理由

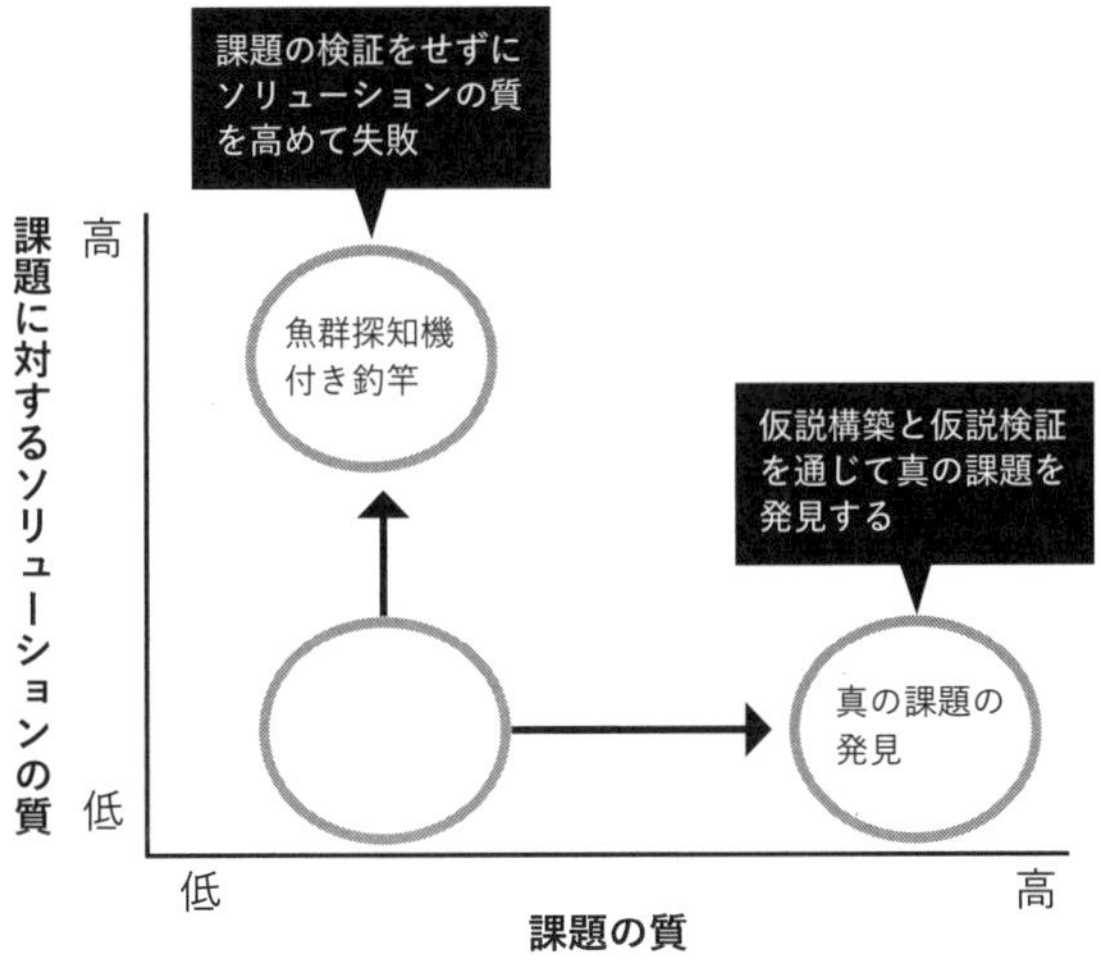

この図（図表6）を見てください」

山田「漁獲量が減っているという課題に対し、漁獲量が増えるような釣竿を提供する、これはどう考えても正しいソリューションですよね」

田所「いいえ。まず高めなくてはならないのは、課題の質です。**仮説の構築と検証を通じて真の課題を発見する必要があります。**

そもそも山田さんがテレビから得た『漁獲量が減っている』というのは、単なる統計的なファクトです。なぜ、そこから『魚群探知機付き釣竿』を思いついたのですか？」

山田「はい、漁獲量が減っているということは、漁師さんの魚を釣る効率性が低いのでは、と思いました。なので、その効率性を高めるために、魚群がどこにいるのかわかる魚群探知機が付いた釣竿が良いのでは、と考えました」

田所「つまり、効率が低いことが問題だと思ったんですね」

山田「はい、そうでした。効率の深掘りをせず、釣れない原因は『効率の悪い』釣竿にあると思い込んでました……我々は釣竿メーカーなので、もっと良い釣竿を作ったらユーザーが喜んでくれると考えていました」

田所「でも、それは、ユーザーが喜んでくれるというよりも、自分たちが作りたいものを作る、自分たちの技術を使って作れるものを作った、という感じがします」

山田「大変痛いところをつかれるご指摘です。確かに、フィッシュファインダーを作ると決まった時は、こんな技術が使える、あんな技術が使えると、テンションが上がりました。新しい技術を使い、イノベーションを起こしているという高揚感がありました」

田所「それは、**ユーザーが本当に欲しがるものを作るという『Product Market Fit（プロダクト・マーケット・フィット）』ではなく、自分たちが作りたいものを作る『Product Me Fit（プロダクト・ミー・フィット）』という状態に陥っていました**ね。

同じく『PMF』でも、全く意味が異なります。**新規事業を持続可能な事業へと変えていくには、『プロダクト・マーケット・フィット』の達成——つまり、ユーザーが本当に欲しがるものを作れている状態——を目指す必要があります**」

山田「ぷろだくと・みー・ふぃっと……なるほど。ただの自

新規事業でハマりやすいワナ ⑩

「Product Me Fit」してしまう

顧客視点で考えないと、人が欲しがるものではなく、自分たちが作りたいものを作ってしまうケースが起きる。これを「Product Me Fit（プロダクト・ミー・フィット）」と呼んでいる。特に、エンジニアやデザイナーのバックグラウンドを持つ人が考案する事業アイデアの場合、無意識のうちに「自分たちが作りたいもの」「自分たちがデザインしたいもの」を作ることが大事になってきてしまう。結果として、誰も欲しがらないものができてしまうリスクがあるのだ。

己満足のプロダクトだったというわけか……」

田所「なぜ、そうなるかというと、『顧客が抱えている課題は何か?』という問いや仮説を立てることが抜けていたからです」

山田「顧客の課題……漁獲量が減っていることだと思ってあまり深く考えていなかったのですが、売上が上がらない? コストが高すぎる? 仮にそうだとしたら、それはなぜだろうか……」

田所「なぜだろうか? と疑問を持つことが大事です。これが前に言った『無知の知』になるということです。こうして仮の説、仮説を立てることで、わかっていないことがわかるようになるのです」

山田「無知の知……なるほど、私は『知った気になっていたが、実は、何も知らなかった』という『無知の無知』だった気がします。今、思い返すと非常に恥ずかしいです」

「So what?」で核心をつく

田所「では、**漁獲量が減っているというファクトから、漁師の課題仮説を『So what?(つまり、どういうこと?)』で展開してみると良い**でしょう」

山田「『So waht?』で展開？　どういうことですか？」

田所「この図（図表7）を見てください。漁獲量が減っている。『つまり、これはどういうこと？』で考えてみると、『漁師の収入が下がっている』と言い換えられますよね？　さらに、収入が低いということを『つまり、これはどういうこと』で展開すると、売上が低い、またはコストが高いと分解できます。『漁獲量が減っている』という誰もが知っている情報から、『売上高が低くて困っているかもしれない』『コストが高くて困っているかもしれない』などと仮説を立てることができます」

図表7　課題仮説を「So what?（つまり、どういうこと？）」で展開

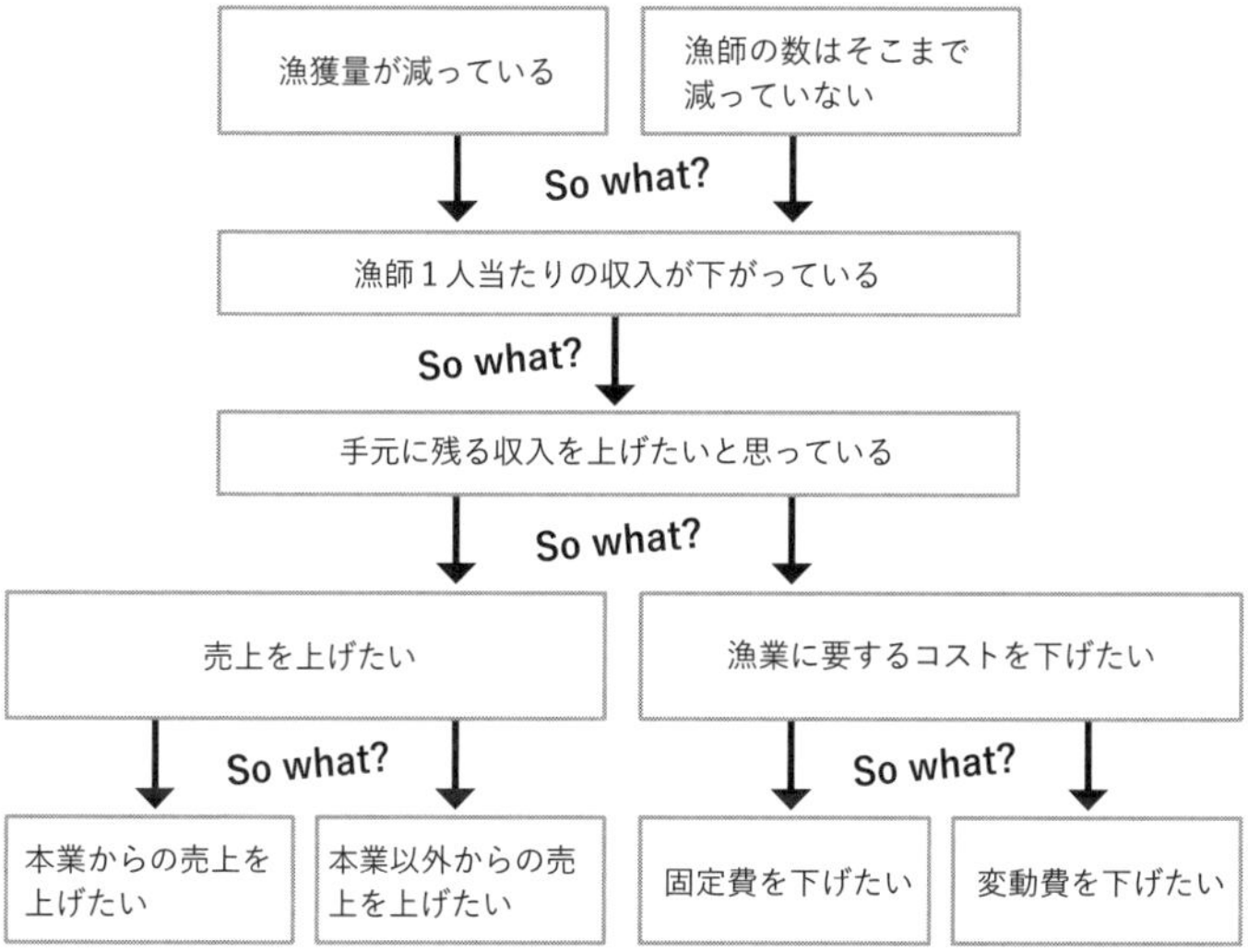

山田「なるほど、こうやって展開していくと、課題の核心に迫っていけそうですね」

田所「はい、さらに『売上を上げたい』というのも、『本業で売上を上げたい』『本業以外で売上を上げたい』と展開できます。『コストを下げたい』というのも『変動費を下げたい』と『固定費を下げたい』などと展開することができます」

山田「なるほど、漁師さんの収益構造なんて、全然気にもかけていませんでした。でも実際に、どういうコストが重くのしかかっているのか、とか、本業や本業以外の売上がどうなっているのか、聞いてみる必要がありますね。まさに、今の私は『無知の知』になった気がします」

学習にフォーカスせよ

田所「はい、その『無知の知』の自覚が重要なのです。では、実際に漁師さんにヒアリングして、彼らの収益構造がどうなっているか訊いてみましょう。**答えは顧客の中にしかありません**」

山田「了解しました！　さっそく、質問リストを作って調査会社にお願いしたいと思います！」

田所「ちょっと待ってください。いきなり外部の調査会社を使うのはダメです」

山田「え？　外部に委託するとやっぱり費用もかかりますし、社内の営業にお願いしたほうがいいですかね？」

田所「そういうことではありません。**顧客ヒアリングは、アイデアを起案する人が行うべき**なのです」

山田「なるほど、でも、餅は餅屋っていう言葉があるじゃないですか。前の営業の部署にいた時も、新商品のアイデアは技術チームが考えて、我々営業はお客様に売りに行くのが仕事でした。社内外問わず、専門性を持った人にお願いして分業することこそ、会社運営のあるべき姿なのではないでしょうか？」

田所「既存事業の場合であれば、専門性を持つメ

新規事業でハマりやすいワナ ⑪

顧客と話す人とプロダクトを作る人を分けてしまう

新規事業の初期段階の組織では、「機能」によって「役割」を分断しないことが非常に重要になる。

既存事業において、「効率性」は重要なテーマになる。そのために、それぞれの専門性を持つ人が、バラバラの役割を担い、効率性の最大化を求めるようになる。

ただし、こういった組織体制は、新規事業の初期段階では避けるべきである。**役割を分けたら、「プロダクトを作る人」「顧客と話す人」「顧客の声を分析する人」がバラバラになってしまい、「インサイトを引き出して、プロダクトや価値提案に反映させること」が難しくなる**からだ。初期段階においては、むしろ、一人ひとりのメンバーが専門分野に囚《とら》われずに取り組むことがインサイトの蓄積につながっていく。

ンバーが役割分担を行うのが、効率的でしょう」

山田「既存事業の場合……ということは、既存事業と新規事業では、取り組み方のスタンスが異なるということですか？」

田所「はい、全く違うものと考えるべきです。多くの会社が『新規事業を既存事業の延長』として捉えてしまい、最初から効率性を考えて分業してしまうので、失敗するのです」

山田「新規事業のアイデアを考える上で、なぜ分業すると失敗する可能性が上がるのでしょうか？　効率化されて、成功確率が上がる気がするのですが」

田所「課題の仮説を立てた上で、本当の課題が何かに気づくことが重要だとお話ししましたよね。顧客にただインタビューをすれば、簡単に気づけるものだと思いますか？」

山田「……いえ、かなり難易度が高い作業だと思います」

田所「顧客自身も把握していない課題に気づくのが、新規事業の肝になります。こういった**顧客自身も気づいていない課題や欲求のことを『インサイト』と言います。すべての中心に顧客との対話があり、役割に関係なく、対話を起点にしてインサイトを見つけ、事業を作っていく必要がある**のです」

山田「なるほど、効率化を求めて役割を最初から分断しないということですね。
ちなみに、インサイトって、どうやって見つければいいのですか？」

田所「顧客がその課題について話す時の雰囲気だったり、雑談で話した何気ない会話の内容だったり、そういったところからインサイトを引っ張ってくる必要があります。実際にユーザーと会って話してみると、学習できることがたくさんあります。初期のスタートアップにおいて、学習にフォーカスすることが非常に重要になります」

山田「学習にフォーカスする……」

田所「シリコンバレーにStartup Genome（スタートアップ・ゲノム／146ページ参照）というリサーチ団体があって、3000社以上の失敗するスタートアップと成功するスタートアップの違いを調べたそうです。

そのリサーチによると、失敗するスタートアップは、初期段階で学習にフォーカスせずに、ひたすら、プロダクトを作ることにフォーカスしたそうです。一方で、**成功したスタートアップは、最初は学習にフォーカスして、ユーザーからインサイトを得ようとしました。**

また、面白い数字があります。失敗したスタートアップはやたらと人数が多く（平均19人）、機能分担がされていました。一方で、**成功したスタートアップは、少人数（平均7人）でやっていた**のです」

山田「少人数の方は、一人ひとりの役割分担を設けずに、何でもやる必要があったということですね」

田所「おっしゃる通りです」

山田「なるほど。だからアイデア起案者とインタビューを行う人は同じ人がいいんですね。とてもよく理解できました。私が漁師さんに直接インタビューしてきます！」

田所「また結果を教えてください」

・・・・・

先日に続き、2時間のミーティングを終えた山田は、顧客インサイト獲得の重要性やその深掘りの仕方について、理解することができた。

「学習しない組織」の負のループを脱する

翌日、山田は学んだことをさっそく、上司の佐藤部長に共有してみた。

・・・・・

山田「先日、新規事業の専門家として有名な田所さんに話を聞いてきたのですが、我々はまさに負のループに陥っていたようです」

佐藤「負のループ？　ちゃんと説明してくれ」

山田「突然降ってきたアイデアを信じ、顧客のことを知ろうともせず、自分たちの技術ありきで高性能な釣竿を作ってしまった。そして、増えていくSNSの『いいね！』を見ながら喜びに浸り、さらに自身の思い込みを正当化していった。学習しない組織になってしまっていたということです」

佐藤「何が言いたいんだ？」

山田「顧客自身も気づいていないような深い課題を見つけるために、漁師へ直接インタビューしたいので、承認をもらえませんか？　ペルソナ設定、エンパシーマップ、カスタマージャーニーを作って……」

佐藤「そんなことして何になるんだ？　我々は5年で売上100億円の事業を作らないといけないんだ。その方法はただ一つ。わが社が長年積み上げてきた世界トップクラスの技術を使って、多くの漁師に愛される高性能な釣竿を作ることなんだよ。ちょっと忙しいから、また後にしてもらえないか？　あと、インタビューなんかより、ガンガン売れる新しい釣竿のアイデアを考えておいてくれ」

山田「は、はい……承知しました」

・・・・・

佐藤部長に、山田の話はまともに聞いてもらえなかった。佐藤部長は自分が知らないことを素直に認めるような人ではなかったのだ。山田はそれをすっかり忘れていた。1週間後のミーティングまでに何か方法を考えないと、顧客インタビューにすら行かせてもらえない。「どうしたらいいのか？」と山田は思った。

そして山田は、『起業の科学』を部長になんとかして読ませるしかない、という結論に至った。

上司からの承認を得る

山田はすぐに行動に出た。その翌日、クライアントミーティングからの帰りのタクシーの中で、山田は佐藤部長に切り出した。

・・・・・

山田「佐藤部長、『起業の科学』っていう本が、新規事業のバイブルとして流行っているらしいですよ」

佐藤「『起業の科学』？　変わったタイトルだな」

山田「そうなんですよ。でもこの本を、間違えて2冊も購入してしまいまして……良かったら1冊もらっていただけませんか？　もちろん、部長は既にご存知の内容かとは思いますが、本棚で眠らせるのももったいないので」

佐藤「では、もらっておこうかな。流行っているなら、持っておいて損はないしな。ありがとう」

山田「はい！　こちらこそありがとうございます」

・・・・

次の日、佐藤部長のデスクを見ると、『起業の科学』が、書類で隠すように置いてあった。開くと、ペルソナ設定、エンパシーマップ、カスタマージャーニーのページに付箋が付いていた。パソコンの画面には、田所のYouTube動画が開かれていた。佐藤部長も同様に悩んでいたことに気づき、山田は少しホッとした。

・・・・

そしてその翌日、佐藤部長に山田は呼び出された。

佐藤「改良版の『魚群探知機付き釣竿　フィッシュファインダー2』の開発と販売に向けて、社長に話をしたいと思う」

山田〈え？　また？　結局、この人は変われないんだな〉

山田「はい、承知しました。あと、部長、前回ご相談した件なのですが……」

佐藤「ん？」

山田「顧客の課題検証をするために、漁師へ直接インタビューしたいという件です」

佐藤「ペルソナ設定やエンパシーマップ、カスタマージャーニーのような仮説を作ること自体は良いが、あくまでも仮説の質を高めるために行うということを意識しておけよ。なにごとも経験だ、やってこい」

山田〈やっぱり『起業の科学』を読んでくれているし、動画も見てくれているんだ！　よかった〉

山田「ありがとうございます！」

佐藤「あと、改良版のフィッシュファインダーの事業計画も作っておいてくれよ。５年で１００億作れることを説明しないといけないからな」

山田〈部長の考えを少しずつ変えていくしかな

新規事業でハマりやすいワナ ⑫

承認者のリテラシーが低い

起案者や担当者側の経験不足やスキル不足のみが、新規事業のボトルネック（制約条件）になるとは限らない。承認する立場にいる上司やマネージャーが新規事業の価値を理解し見極めることができないこと――つまり、「承認者のリテラシー不足」――が障害となる場合も多い。

もし自分が、新規事業を見極め承認するマネージャーや上司側の立場になったら、起案者以上に業界のトレンドやイノベーションの思考について理解し、学習し続ける必要がある。場合によっては、自らがインタビュー現場に出向いたり、顧客と対話したりして、課題を肌で感じることも有効になる。

組織全体として、新規事業に対するリテラシーの底上げをしないと、顧客インタビューを取り付けるのにも、時間や余計な承認プロセスを要してしまい、事業展開がどんどん遅れてしまう。

いな〉

山田「承知しました」

・・・・・

こうして山田はなんとか上司からの承認を取得し、漁師へのインタビューに向かうのであった。

インタビューで課題の質を高めよ

山田は知り合いからの紹介で、2人の漁師に話を訊くことができた。このインタビューの目的は、まさに、漁師の現状に迫って、課題の質を高めることだった。

1人めは、マグロ漁師の山本さん（55歳）。妻（50歳）と、娘（23歳）、息子（20歳）がいる4人家族。

・・・・・

山本「わしは網でマグロを釣るんや」

山田「え？　網なんですか？」

山本「だから、釣竿はいらんよ」

山田「漁獲量が減って、収入が減って困っているというニュースを見たんですが、山本さんはどうですか？」

山本「収益は1000万で、自分の所得は500万程度あるから十分やな」

山田「あ、そうなんですね……じゃあ、毎月かかっている支出（コスト）って何があるんですか？」

山本「漁船のメンテナンス、漁船のローン、作業場の家賃とかやな。あとは燃料代、餌代、消耗品なんかやな」

山田「ありがとうございます。それぞれにどれくらいかかっていますか？」

山本「そうやな、ちょっと調べてみるわ。メンテナンス、ローン、家賃でざっくり400万。燃料代、餌代、消耗品で100万くらいやな」

山田「それがもし、固定費が半分、400万円が200万円とかになったら、収入って大幅に上がりますよね。500万円が700万円に」

山本「そりゃそうやけど、どうやって半分にするんだね？」

山田「そうですよね……無理ですね」

山本「あっはっは（笑）」

山田「お子さんに会えなくて寂しかったことはないですか？」

山本「そりゃ寂しいけど、稼がないといけないからね。もういいかな？　今から半月は海に出ないといけないんだ」

山田「ありがとうございました」

・・・・・

インタビューを終えた山田は、再び、田所のもとに相談に行った。

・・・・・

山田「上司は全くわかってないんですよね……。なんとか漁師へのインタビューの承認は下りたのですが……」

新規事業でハマりやすいワナ ⑬

ＰＬ思考に陥る

ＰＬ思考とは、売上の最大化と費用の最小化のみを絶対的な経営指標とし、その達成のために、機能ごとに組織を分けて、効率性を重視する考え方である。

新規事業では、潜在的な課題を発見することや、中長期的な視点で会社の新たな軸を見つけていくことが重要だ。ただ、72ページの佐藤部長のようにＰＬ思考に固執してしまうと、「いくら儲かるのか」「いつになったら回収できるのか」という視点になってしまう。

すると、「中長期的な市場の変化を見据えてリソースを投下し、期間全体でリソースの投下にかかった費用（投資）を回収していく」という新規事業で重視するべき視点が劣後してしまう。その結果、短期的な自社都合の視点に囚《とら》われて、顧客視点やインサイト視点の仮説検証や試行錯誤が行われなくなり、新規事業の芽が潰れてしまうケースが多い。

田所「そんなもんですよ。**新規事業担当者が最も頭を抱えるのが、理解の乏しい上司をどうやって正しい方向に導いていくか**ということです。

特に短期的なPL思考に陥っている場合は、その視点を変えていく必要もあります。PLは『損益計算書』のことですが、PL思考とは、売上の最大化と費用の最小化のみを絶対的な経営指標とし、その達成のために、機能ごとに組織を分けて、効率性を重視する考え方です。

ただ、上司にはプライドもあるので、なんとか自分で気づかせるように動かないといけません。こういうケースは本当に多いです」

山田「うちが例外ではないんですね。がんばります！」

田所「ところで、インタビューの結果はどうでしたか？」

山田「仮説が大きく覆されました……」

田所「そうですか、『仮説というものは覆されるためにある』ですね。**覆ったことから何を学ぶかが大事**になります」

新規事業でハマりやすいワナ ⑭

立てた仮説に固執してしまう

「新規事業でハマりやすいワナ①」でも述べたように、最初に立てた仮説というのは覆っていくものである。顧客との対話や、課題検証をしていく中で、どんどん立てた仮説を覆していきながら、アップデートしていく姿勢が重要だ。

山田「これでまた振り出しかと思うと……。やっぱり、収入を上げるには、売上を上げるしかない。でも、網で獲るから、釣竿はいらないということみたいです……」

田所「漁師って山本さんだけじゃないですよね。たまたま、今回インタビューできたのが山本さんでしたが、彼は喫緊《きっきん》の課題とは感じていなかったようです。もっと市場やセグメント全体を俯瞰《ふかん》して考えるべきです」

山田「全体を俯瞰しろ、と言われましても……。全員にインタビューするということですか？」

田所「違います。そんなことをやっていたらいつまで経っても、終わりません。**市場やマクロ環境の仮説を立てて分析することが大事**です。改めて、漁師が活躍している水産業という業界を要素分解し、分析してみましょう」

山田「水産業を要素分解と分析？」

田所「今見つけようとしているのは、水産業に携わる漁師の悩みや不満ですよね？　ターゲットとなる市場を分類してみることが重要です。分類した上で、それぞれの分類に当てはまるユーザー（漁師）にどのような課題があるかを考えてみると良いです。私のほうで少し事前に調べてきました」

山田「なるほど。確か山本さんは遠洋漁業の漁師さんでした。沿岸漁業の漁師さんのほうが年収は低いんですね。確かに悩んでいるポイントが違うかもしれません。さっそく、インタビューしてきます！」

・・・・・

山田は、先日とは違う少し年齢が下の漁師にインタビューのアポを取った。

2人めは、石井さん（50歳）。サバ、アジ、タラ、タイなどを釣る沿岸漁業を生業にしている。妻（49歳）と娘（20歳）の3人家族。

・・・・・

石井「兄ちゃん、今年は魚が獲れんのや。収入がめっきり減ってしもうたわ」

山田「収入を上げるには、魚をいっぱい釣るしかないんですかね？」

石井「そんなん当たり前や、魚を釣らにゃ収入にならん」

山田「毎月かかっている支出（コスト）って、漁船のメンテナンスやローンとかで、結構負担じゃないですか？」

石井「まぁそうやけど、漁船はわしらの商売道具やから、そこにかかる費用は払い続けるしかないんや」

山田「だいたい、どれくらいの費用がかかっているか教えていただけますか？」

石井「ちょっと、待ってや。そうやな、計算したことなかったけど、収益が600万で、漁船の費用が200万、餌代とか燃料代が100万程度やわ。なんで手元に残るんは300万程度やわ、そら生活は楽にならんわな」

山田「船って一日どのくらい使用されますか？」

石井「わしらはサバ、アジ、タラ、タイなどを釣る沿岸漁業の漁師やから、日帰りでだいたい6時間くらいじゃやな」

山田「そうなんですか！　意外と稼働は少ないんですね。お手数ですが、一日のスケジュールがどんな感じか、教えていただけますか？」

石井「ふーん、考えたこともないけど、だいたいこんな感じの時間割やわ。午前3時、起床。3時半、朝食。4時、出港。5時、漁開始。10時、帰港。11時、出荷準備。午後12時、昼食。14時、翌日の準備。16時、帰宅」

山田「なるほど。ということは、一日24時間のうち、4分の3は使っていないってことですね？」

石井「だいたい、他の漁師も似たり寄ったりよ。それがうちら漁師ってもんよ」

山田「船の使い道って、漁以外にないんですかね？」

石井「漁以外？　うーん、以前はよく、旅行代理店から、海外から来た旅行客向けに船を貸してほしいっていう依頼があったな」

山田「なるほど！　海外旅行客向けに貸し出すってことですね」

石井「そうだね。もしかして、収入の足しになるかも、と思ったことがあったけど、結局、断ったよ。餅は餅屋っていうし、俺たちは、観光で食べてるわけじゃないからな」

山田「わかりました。貴重なお時間ありがとうございました」

「Go To Market」でマクロ市場を捉えよ

漁師の石井さんへのインタビューの後、山田は再び田所のもとを訪れ、インタビュー結果を報告した。

・・・・・

山田「面白いことを発見しました！　沿岸漁業の漁師さんは遠洋漁業の漁師さんと違って、収入が低くて困っている傾向があるということでした。また、船を一日に数時間しか使っていない割には、船のメンテナンス費用などの固定費の負担が大きく、収入を圧迫している原因になっているようです。

　でも、こういう課題は、当の本人たちも、なんとなくしか意識していませんでした」

田所「なかなか良いポイントを見つけましたね。**当の本人たちも意識していないところに事業のヒントがあります**」

山田「これを、一旦の課題として定めて、事業の検証を進めていっていいですか？」

田所「そうですね。その前に、いくつか確認する点があります。

　まず、前にも言ったように、市場やセグメントを考えてみましょう。市場全体を見渡した時に、漁師の規模（人数）はどうでしょうか？　遠洋と沿岸と沖合のそれぞれの水産業に従事している漁師の数を調べてみる必要があります。**狙う市場が、あまりにニッチすぎてもダメ**ですからね。調べてあります

新規事業でハマりやすいワナ ⑮

ミクロの視点だけで考えしまう

　新規事業を立ち上げる時に、ペルソナを設定したり、顧客インタビューをしたりして、ターゲットユーザーの解像度を上げていくことは非常に重要だ。その一方で、**市場全体を俯瞰《ふかん》するマクロの視点を持つことも重要**になる。市場全体を俯瞰した時に、**どの市場セグメントの顧客がより強いペイン（顧客が感じている不満や不安など）を抱えているのかを検証するため**である。

　また、**「潜在的なユーザー数がどれくらいいるか」（市場規模）を見極めることは、事業にとって非常に重要な要素**である。市場全体を見渡すことによって、市場規模を捉えることができる。

か?」

山田「はい! この図(図表8)を見てください。

全体が約20万人で、沿岸漁業就労者数は約17万人ですから、沖合・遠洋漁業就労者はわずか約3万人ですね。これから、沿岸漁業就労者数の比率がさらに大きくなるとの見方もあるようです。収益や船の空き時間の傾向も調べておきました」

田所「いいですね。このように、漁師を要素分解して、漁師の業務プロセスの中で、どこの市場を攻めるべきかを検討する方法を、『Go To Market(ゴー・トゥ・マーケット)』と言います」

山田「ゴー・トゥ・マーケットって、何で

図表8 水産業の市場規模など

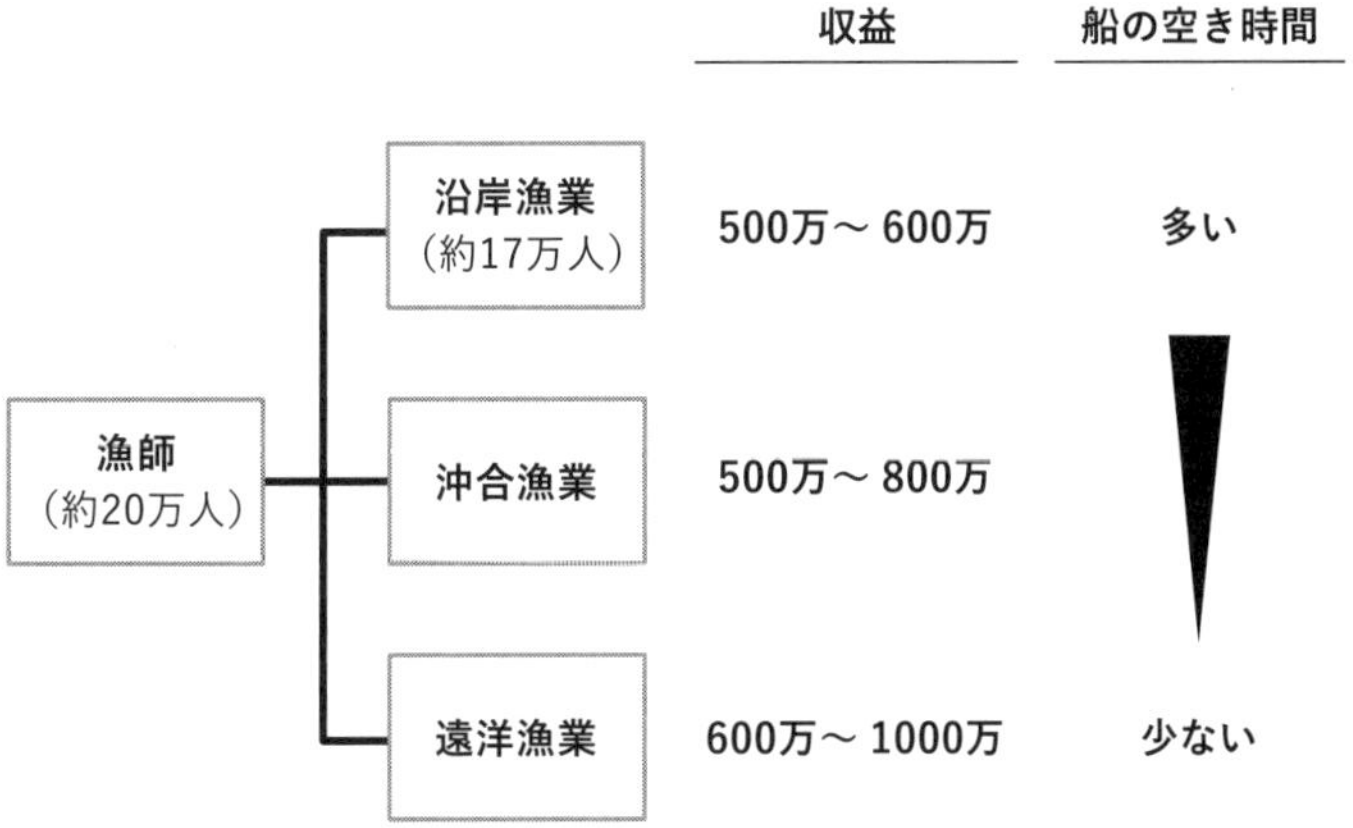

すか？」

田所「**新規事業で、『最初にどこのセグメントを攻めるべきか』を考える時に有効なフレームワーク**です。このフレームワークを活用して、センターピン、すなわち、自分たちが最初に勝負すべきエントリー市場（初期市場）を明確にしていきます。その際に**重要なのは、既存の代替案や、既にいる競合他社との競争を避ける視点を持つこと**です。

　前に話した世界的なリーディングカンパニーであるAmazonが成功したのは、まさに最初に、自社にとってのセンターピンを見つけたからです。センターピンというのは、ボーリングのセンターピンのイメージで、そこを最初に倒すことができたら、続いて、残りのピンも倒れていくというイメージです。

新規事業でハマりやすいワナ ⑯

**目隠ししてダーツを投げるように
ターゲット市場を選んでしまう**

　新規事業では、そのプロダクトを必要としている「アーリーアダプター」を見つけることが重要である。多くの新規事業が失敗してしまうのは、まさに「目隠ししてダーツを投げる」ように、最初に攻めるべきターゲット市場を決めてしまうからだ。

　よくある理由として、「自分の上司が紹介してくれた顧客だから」「以前からつき合いのある顧客だから」というものが挙げられるが、**留意するべきは「アプローチしやすい顧客（市場）セグメント」と「初期に攻めるべき顧客（市場）セグメント」は必ずしも一致しないということ**だ。

Amazonはオンライン書籍販売サービスを最初に勝負すべき市場と捉えました。まず、書籍の市場でPMF（プロダクト・マーケット・フィット）に達した後――つまり、ユーザーが本当に欲しがるサービスを提供できていることが確認できた後――同様のサービスを書籍以外の商品へと横展開することで現在に至っています。

要するに、**自分たちにとっての『Amazonの書籍はどこか？』を探す必要がある**のです」

山田「なるほど、自分たちにとってのAmazonの書籍ですね。考えたこともなかったです」

田所「このフレームワーク、**『Go To Market』を検討することで、市場全体を俯瞰した上で、各市場セグメントを比較しながら、事業可能性を検討することができるようになります。目隠ししてダーツを投げるように市場を選ぶのはNG**です」

山田「まさに、以前の僕がそうでした。耳が痛いです」

田所「では、具体的な『Go To Market』の手順をお伝えします。このようになっています」

「Go To Market」の手順

①セグメントの要素分解

②バリューチェーンによる要素分解
③ペインの評価
④市場規模の把握
⑤既存代替案の欠点の洗い出し
⑥攻めるべき市場の見定め

田所「このようにしていくことで、最初に攻めるべき市場を浮き彫りにしていきます。今回、『Go To Market』について理解を深めてもらうために、具体的に『治療院向けのCRM（顧客管理ツール）』を提供するスタートアップの事例を紹介します」

山田「ぜひ、お願いします！」

田所「まず、**①セグメントの要素分解**です。

例えば、この図（図表9）の縦軸を見

図表9　セグメントとバリューチェーンによる要素分解

				バリューチェーン						
	大セグメント	中セグメント	小セグメント	集客	予約管理	ドタキャン対応	患者管理	患者定着化	事務処理	人事労務
セグメント	自費治療	個人経営	拡大志向							
			現状維持							
		チェーン	拡大志向							
			現状維持							
	保険治療	個人経営	拡大志向							
			現状維持							
		チェーン	拡大志向							
			現状維持							

てください。セグメントの要素分解では、**対象となるユーザーをMECE《ミーシー》になるよう分解していきます**」

山田「ミーシーって、何ですか？」

田所「『Mutually Exclusive, Collectively Exhaustive』の略で、日本語にすると『漏れなく、ダブりなく』を意味します。例えば、この事例のユーザーである治療院を、『関西にある治療院』と『関東にある治療院』の２つに分けてしまうと、北海道や沖縄にある治療院が漏れてしまうので、MECEに分解できたとは言えませんね」

山田「なるほど。漏れてしまいますね」

田所「はい。漏らさないことが大事です。分けた要素がある程度MECEになっていることは大前提として、地域で分けるのか、経営年数で分けるのか、従業員の数で分けるのかなど、**どの軸で分けていくかについては、ビジネスセンスや業界知見が必要**になります」

新規事業でハマりやすいワナ ⑰

最初から完璧なMECEを求めてしまう

MECE（ミーシー）とは、「Mutually Exclusive, Collectively Exhaustive」の略で、「漏れなく、ダブりなく」を意味する。「新規事業でハマりやすいワナ⑨」でも述べたが、フレームワークを活用する時に、そのアウトプットに完璧さを求めてしまうケースがたまにある。当然、ある程度の完成度の高さを目指すことは良いことだが、**最初から完璧なアウトプットを追求すると、「完璧さを求めること」が目的になってしまい、本来は手段である「仮説構築」が目的化してしまうリスクがある**ことは、繰り返し指摘しておきたい。

山田「確かに、事業モデルや領域によって、分け方が変わると思います」

田所「はい。もし、分けることができない場合は、関連する書籍を読んだり、レポートを読んだり、顧客にインタビューするなどして、知見を深める必要がありますね。

例えば、この事例の場合だと、大きなセグメントとして『自費治療か保険治療か』、次に『個人経営かチェーンか』、さらに経営方針が『拡大志向か現状維持か』で分けるようにしました」

山田「分ける時のコツってあるんですか？」

田所「はい。**『自分たちの事業にとって、初期ユーザーは誰か？』の仮説を立てると分けやすくなります。**この場合だと、『自費治療×個人経営×拡大志向の治療院』というのが、最初のセンターピンになると仮説が立てられます。実際にそうなのかは、顧客ヒアリングや、『MVP』――『Minimum Viable Product』の略で『必要最低限の機能だけを搭載した製品』のことですが――を通じて検証していきます。

ただし、最初から完璧なMECEを求める必要はありません。あくまで仮説ですし、MECEも思考を整理するためのフレームワークだと考えておいてください」

山田「なるほど」

田所「次が**②バリューチェーンによる要素分解**です。例えば、この図（図表9）の横軸を見てください。バリューチェーンとは、ユーザーの事業・業務を機能別や流れで分類して表現したもののことです。治療院の顧客対応フローのバリューチェーンを考えると、『集客→予約管理→ドタキャン対応→患者管理→患者定着化→事務処理→人事労務』と分けることができます。

こういったバリューチェーンレベルで分解したり分析したりするのにも、セグメントの要素分解と同様、業界や実際のオペレーションの知見が必要になります」

山田「なるほど。こういうバリューチェーンを考える際には、前に解説いただいたカスタマージャーニーが参考になりますね」

田所「おっしゃる通りです。ユーザー（カスタマー）自身も、自分たちのジャーニーがどのようになっているのか、理解していない場合が多いんです。このように**カスタマージャーニーやバリューチェーンで分解すると、ユーザー自身が見えていない課題を見つけやすくなります**」

山田「ユーザー自身が見えていない課題、つまり『インサイト』の発見ですね！」

田所「はい。そこで次に、それぞれのターゲットセグメントとバリューチェーンにおいて、**③ペインの評価**をします。ペイン（Pain）は、直訳すると『痛み』ですが、『顧客が感じている不満や不安など』でしたね。『ニーズ』と言い換えることもできます。

実際にユーザーのところに行き、『どれくらいコストがかかっているか？』『どれくらい時間がかかっているか？』といったことを訊きます。不満や不安を定量的に測ることができる質問をして、評価できるようにするのがポイントです。『どれくらい非効率か？』『どれくらい非生産的か？』といったことも数字で表現できるといいですね。**ただし、すべての不満や不安を定量的に測るのは難しいので、定性的な検証もします**」

山田「なるほど、定性と定量の両方で評価するんですね」

田所「はい。別の機会で詳しく解説しますが、定性調査にはインタビューだけでなく『ユーザー観察』も有効です。例えば、何かを説明する時に見せるユーザーの表情や負の感情などを参考にします。ユーザーを観察することで、ユーザー自身も気にかけていないような無意識の行動を目にすることができます。これを『**ジョブシャドウイング（Job Shadowing）**』と言ったりします」

山田「ジョブシャドウイング？」

田所「**シャドウ、つまり、影のようにユーザーのジョブ（仕事）を観察すること**です。ジョブシャドウイングとは、調査者がユーザーの特定の活動を観察して、ユーザーの行動と経験を記録する方法です。ジョブシャドウイングについては、またの機会に（第３章で）詳しくお話しします。

定性と定量の両面から評価することで、この図（図表10）のように、『どこにどれくらいペインがあるか』を見極めることができます。ここでは、ペイン（ニーズ）の高低を◎○△×で表現しています」

山田「なるほど。こうやって見ると、一目でわかりますね」

田所「はい。このように、分析してみると、最初に狙うべきセグメントや、最もペインがあるところが明らかになります。

図表10 「どこにペイン（ニーズ）があるか」を見極める

◎ニーズ高　○ニーズ中
△ニーズ低　×ニーズなし

	大セグメント	中セグメント	小セグメント	集客	予約管理	ドタキャン対応	患者管理	患者定着化	事務処理	人事労務
セグメント	自費治療	個人経営 60000件	拡大志向 15000件 （2023年 17000件）	◎	○	◎	○	◎	○	×
			現状維持 45000件 （2023年 42000件）	○	△	○	○	○	○	×
		チェーン 40000件	拡大志向 30000件 （2023年 27000件）	○				◎	△	△
			現状維持 10000件 （2023年 9000件）	○				○	△	△
	保険治療	個人経営 10000件	拡大志向 1000件 （2023年 1500件）	◎	△	×	△	△	◎	○
			現状維持 9000件 （2023年 8000件）	◎	△	×	△	△	◎	○
		チェーン 30000件	拡大志向 15000件 （2023年 12000件）	○				△	△	×
			現状維持 15000件 （2023年 13000件）	○	△	×	△	△	△	×

（バリューチェーン：集客〜人事労務）

最初に狙う市場

代替案 XYZ　代替案 HIJ　代替案 EFG　代替案 ABC

代替案がどこにあるかを見極める。すでに十分な代替案があるセグメントは避ける

自分たちが市場を席巻する時期に市場環境がどうなるかの解像度を高める

こういったフレームワークは万能ではありませんが、『どこから攻めるべきか』『どこは攻めなくても良いのか』を、全体を俯瞰した上で、バイアスや思い込みを外して見直すことができるというメリットがあります。**一度立てた仮説に満足せずに、顧客ヒアリングや検証を繰り返しながら、このフレームも定期的に更新していく必要があります**」

山田「仮説構築と仮説検証が大事ということですね」

田所「さらに、大事なこととしては、**④市場規模の把握**があります。検証しているターゲット市場の成長性を定量的に試算して、新規事業として『リスクを取って参入するに値する市場』なのかを見極めるために『Go To Market』を活用するということも、重要なポイントです」

山田「なるほど、そこまで考えてはいなかったです」

田所「新規事業で『左利き用のハサミを作ってはならない』とよく言います。その理由は単純で、左利き用のハサミユーザーは日本の人口の3%と言われており、事業成長のアップサイ

新規事業でハマりやすいワナ ⑱

定性情報のみ、
もしくは定量情報のみ、に頼ってしまう

情報を集める時は、定性情報と定量情報の両方を集めるように心がける。例えば、アンケートなどで「顧客の80%が課題に感じている」という結果が出た場合でも、その回答した顧客と実際に話をして、「どういう課題を感じているのか」「その背後にある思考や行動パターンは何なのか」といった定性情報を集めることが重要である。

ド（上限）が決まってしまうからです」

山田「なるほど、どんなにがんばって市場を取り切っても、そもそもその市場が小さかったら、あまりやる意味がないということですね」

未来を想像し逆算せよ

田所「ただ、**大事なことは、今の市場サイズではなく、今後5〜10年で、市場がどのように拡大していくかの見立て**です。これを**『未来志向』**と言います」

山田「未来志向、格好いいですね！」

田所「今の市場に対して最適化する『Product Current Market Fit（プロダクト・カレント・マーケット・フィット）』ではなく、**少し先の未来に対する最適化を検証することを私は『Product Future Market Fiit（プロダクト・フューチャー・マーケット・フィット）』と呼んでいます。**山田さん、Uber（ウーバー）ってご存知ですか？」

山田「はい。Uber Eats（ウーバー・イーツ）はよく使っています！」

田所「Uber Eatsは、Uberが提供するサービスの一つです。日本ではUber Eatsのほうがよく知られていますが、本国のアメリカでは、Uberのライドシェアサービスがタクシー代わりにものすごく使われています。このUberはまさに『Product Future Market Fit』を実現したと言えるでしょう」

山田「へぇー、それはどうやって実現したんですか？」

田所「Uberが創業した２００９年、まだスマホユーザーも少なく、スマホにも精度の高いＧＰＳテクノロジーが搭載されていませんでした。オンデマンドサービス――つまり、ユーザーの要望に応じて提供されるサービス――に対する需要もまだまだ少ない状況でした。ただ、Uberの創業者トラビス・カラニックは、スマホユーザーの伸びや、テクノロジーの進化、オンデマンドサービスの普及が爆発的に伸びている市場のメガトレンドに注目しました」

山田「まさに未来志向ですね！」

田所「はい、２００９年では少し早すぎ（too early）かもしれないけれど、２０１２年、２０１３年という3〜4年後の未来には、テクノロジーやスマホの利用が成熟期に入ると見立てた上での、先行投資を促す戦略だったと言えます。このUberの事例のよ

新規事業でハマりやすいワナ ⑲

今の市場の延長線で事業を考えてしまう

スモールビジネス型の事業ならば、今の市場に対して、より良いものをより安く提供することが目標になる。一方、スタートアップ型の新規事業においては、まだ顕在化していない市場や課題を発見して、そこに対して、独自の価値提案を行っていく。つまり、今の市場の延長線上ではない、非連続な飛地を見つけていくことが重要になる。

うに、**スタートアップ型新規事業においては、今の市場ではなく、少し先の未来にフィットさせていく視座が重要**になります」

山田「なるほど、勉強になります」

「既存代替案の欠点」を探し出せ

田所「こうやってペイン（ニーズ）をマッピングし、市場規模を把握したら、次にやるのが⑤**既存代替案の欠点の洗い出し**です」

山田「既存代替案の欠点？　どういうことでしょうか？」

田所「先日のアーリーアダプターの説明を思い出してください。アーリーアダプターを見つけるための『現状の課題を解決するためにどのような代替案を利用していますか？』という質問を紹介しました。

つまり、**ターゲットにしている市場のユーザー、特にアーリーアダプターと呼ばれる人たちは、既存のモノやサービスの中から何らかの代替案を見つけ出し、なんとかして現状の課題（ペイン）を解決している場合があります。**

様々なモノやサービスがあふれている現代においては、もし何か課題があったとしても、顧客はそれをどうにかして解決しているケースがほとんどです。ところが、よくよく観察してみたり、深掘りしてみたりすると、そのソリューションは最適でなかったり、様々な不満や不安、非効率的だったり非生産的だったりすることを生み出している場合がありまっす」

山田「例えば、どういう事例がありますか？」

田所「例えば、新型コロナウイルスが蔓延《まんえん》してリモートワークが一般化して、Zoomが一気に普及しましたね。では、『Zoomがあらゆる場面において最適であるか？』というとそうでもありません。アジェンダが決まった会議をやる場面においては、Zoomは最適かもしれません。ところが、例えば、クライアントに対して営業をしたい時、友人と飲み会をやる時や、アジェンダもなく少し立ち話をしたい時や、映画などを友達と一緒に視聴したい時は、最適ではありませんね」

山田「確かに」

田所「例えば、バーチャル会議システムRemo（レモ）のようなサービスでは、仮想ルームが設定されており、そこで、ネットワーキングできる機能を持っています。Zoomでもルームに分かれてネットワーキングできますが、自由に部屋を移動できないし、どの部屋に誰がいるかわからないため、最適ではありません」

山田「へぇー！　そんなサービスがあるんですね！　今度、使ってみます」

田所「私がスタートアップが事業内容をアピールするイベント（ピッチ）に審査員として参加する時、スタートアップに対して必ずする質問があります。

『あなたが解決したい課題の現状の代替案は何か？』と、『現状の代替案と比べ、あなたのプロダクトはどう優れているのか？』です。

これらの質問に対する**最もダメな回答は、『代替案はありません』というもの**です」

山田「なぜですか？」

田所「代替案は必ず存在するからです。ただ、その代替案は、最適でなかったり、ショボかったりしますが、ユーザーは必ず、何らかの形で、代替案を採用しているのです。

重要なことは、ショボい代替案の場合、なぜ『ショボい』のか、なぜ『不完全』なのかを、きちんと現場に行

新規事業でハマりやすいワナ ⑳

既存の代替案を過小評価してしまう

起業家や新規事業担当者は、自分たちの考えたサービスやプロダクトを過大評価し、既にある代替案（競合するサービスやプロダクト）を過小評価してしまいがちである。結果として、既にある十全なプロダクトでユーザーは満足しているにもかかわらず、そこに飛び込んでいき、勝てない競争をしてしまう。**新規事業で重要なことは「競争を避けること」である**。もし、十分な代替案が既にある市場セグメントならば、そこを避けて、他の市場セグメントを狙うべきだ。

き、リサーチしているかどうかで、これがキーになります。『代替案がない』という発言は、思考停止になっていることを露呈してしまっています。

『代替案』を不用意に過小評価せずに、きちんとリサーチした上で、定量的、定性的に何が優れていて、何が課題かを明確にしていくことがポイントです」

山田「なるほど、代替案をきちんと評価するということですね」

田所「こうやって進めると、自ずと最初に攻めるべき市場が浮かび上がってきます。つまり、**⑥攻めるべき市場の見定め**が実現できるということです。

重要なことは、何も検証せずにランダムに最初に攻めるべき市場を選ぶのではなく、これまでやってきたプロセスを経て『なぜ自分たちがこの市場セグメントを攻めるべきなのか?』をきちんとロジカルに言語化することです」

山田「なるほど、仮説構築って奥が深いですね。このフレームワーク(Go To Market)を活用できたら、最初に自分が決め打ちしていた遠洋漁業の漁師さんだけでなく、沿岸漁業の漁師さんについて調べる必要性を感じました。このフレームを使うと、自分の視野を広げたり、客観的な視点を獲得したりできますね」

「ビジネスモデルの型」を身につける

田所「では、固定費が大きく収入が低いという沿岸漁業の漁師さんの課題をどうやって解決しますか？　解決の糸口をつかむために、ビジネスモデルについて解説しましょう。

ビジネスモデルのもとになるアイデアの基本の型はご存知ですか？」

山田「いえ、そんなものがあるんでしょうか？」

田所「10あるので、簡単にご紹介しますね」

山田「はい！　お願いします！」

田所「1つめが、**中間プロセスの排除**です。取引の間に入り、中間マージンを抜いているプレイヤーを除いて、直接取引をする仕組みを作ることです。先ほどのUberはタクシー会社という中間プロセスを排除して、運転手と乗客であるユーザーを直接つなげることで生まれました」

山田「不要な中間プロセスの排除。なるほど。Airbnb（エアビーアンドビー）なんかも、宿泊客と泊まる場所を直接結びつけるので、まさにこのモデルですね」

田所「2つめが、**バンドルを解いて最適化する**です。バンドルとは「束」や「塊」のこと。機能が盛りだくさんすぎるがあまり、ユーザーに価値が届きにくくなっているものを一旦バラバラにし、ユーザーにとって便利な形で再提供することです。

例えば、新聞などは、色々な情報がバンドルにされていて、ニュース、広告、株価などが載っています。ところが、ここ最近は、新聞の発行部数が落ちています。なぜかというと、新聞は一人ひとりが欲しい情報ではなくて、新聞社側で情報を編集しているからです。一方、最近になって登場したSmartNews（スマートニュース）やGunosy（グノシー）などのアプリは、読者一人ひとりが読みたいコンテンツを選択でき、パーソナライズすることができるサービスです」

山田「なるほど、確かに、新聞を読む量は減りましたが、そういうアプリを使う量は増えました。それらのアプリが自分の興味に最適化してくれるからですね」

田所「3つめが、**バラバラな情報を集約する**です。散らばった情報や機能を一つの場所に集約することで、価値を提供することです。『まとめサイト』をイメージするとわかりやすいですね。各情報にはあまり価値がなくても、一か所に集約されていることで価値を生み出すものはあり、『価格.com』などは良い例です」

山田「なるほど、食べログやぐるなびなども、よく使いますが、これなんかも、その街のグルメなレストラン情報を集約していて、非常に使い勝手が良いですね」

田所「4つめが、**休眠資産の活用**です。使われていない資産を活用して売上を生み出すこと。まさにシェアリングが最たる例です。ブランドバッグレンタル大手のラクサスは、家に眠っているブランド品に目を付け、それを使いたい人にレンタルすることで収入を得るシェアリングサービスを展開しています」

山田「以前、Anyca（エニカ）というカーシェアのサービスを使って、ベンツを借りてリッチな気分を味わったことがあります。これなんかも、休眠資産の活用の事例ですね」

田所「はい。5つめが、**戦略的自由度モデル**です。既存の枠からあえて外れることで今までにない価値提案をすることです。音声SNSのClubhouse（クラブハウス）などは、あえて、レコーディングを禁止にしたり、アーカイブできないようにしましたが、『その瞬間にしか聞けないことを楽しむ』という新たな軸を加えて、成功した事例だと言えます」

山田「なるほど。確かに、これまでだと、アーカイブされたものが検索しやすかったり、コンテンツを編集しやすかったりするサービスが使われていましたが、Clubhouseなどは全く違う軸での価値提供ということですね」

田所「6つめが、**新しいコンビネーション**です。これが、最もスタートアップらしいビジネスモデルと言えるでしょう。全く違う領域で活用されていたサービスを組み合わせて価値を提供することです。例えば、airCloset（エアークローゼット）というファッションレンタルサービスのスタートアップは、次のような価値を組み合わせています」

エアークローゼットが提供する価値の組み合わせ

①スタイリストが洋服を選んでくれる
②出荷してくれるし取りに来てくれる
③洗濯をしてくれる
④余分なクローゼットスペースが必要なくなる

山田「なるほど。エアークローゼットは、僕の奥さんもお気に入りで使っています」

田所「7つめが、**タイムマシン**です。別の市場で検証済みのビジネスモデルを、他の市場に適用することです。新聞の年間購読という仕組みは古くから存在していましたが、お菓子や香水のサブスク――『サブスクリプション（Subscription）』の略で、定額利用サービスのことですね――が生まれたのは最近の話です。このように、Aという業界では当たり前と思われているビジネスモデルを、Bという全く新しい業界へ当てはめることで新しいビジネスのヒントになっています」

山田「なるほど、うちも子供向けに『Toysub!（トイサブ!）』というおもちゃのサブスクを活用しています」

田所「8つめが、**アービトラージ（Arbitrage）**です。一般的には「裁定取引」を意味する英語ですが、ここでは、供給不足の市場へ、供給過多な市場のリソースを持ってくることを表しています。RareJob（レアジョブ）は、英語を話せる人の多いフィリピンと、英語を話せる人が少ない日本をつなぎ、安価な英語の学習機会を提供することで、需給ギャップを埋めたモデルです」

山田「2020年に新型コロナウイルスで緊急事態宣言が出た時に、マスクの転売で儲けている人がいましたが、これなんかもアービトラージですね」

田所「はい。モラル的にはどうかと思いますが（笑）、それもアービトラージモデルです。

9つめが、**ローエンド破壊モデル**です。顧客が必要とする機能を超えた製品から過剰な機能をそぎ落とし、低価格・低性能（ローエンド）にしたシンプルな製品として提供することです。ケアプロというスタートアップは500円で必要最小限の健康診断を受けられるようにしました。これなんかも、ローエンド破壊ですね」

山田「QBハウスも、髭剃りやシャンプーなどを省いて、ヘアカットのみに特化したので、ローエンド破壊ですね」

田所「はい、いい事例ですね。
　最後は**サービス化**です。製品販売からサブスクに変えるビジネスモデルのことです。Adobe（アドビ）が販売する画像編集ソフトウェアのPhotoshop（フォトショップ）などが良い例です。もともとは売り切りで販売されていましたが、２０１１年にサブスク型のライセンス形態へと転換しました」
山田「なるほど、こんなにあるんですね。お腹いっぱいになりました」
田所「はい、新規事業をやる時や、新たなソリューションを考える時に、車輪を再発明する必要はありません。**既存のソリューションを組み合わせて、それに対して、新しい収益モデルを掛け合**

図表11　既存のアイデアを組み合わせたビジネスモデル

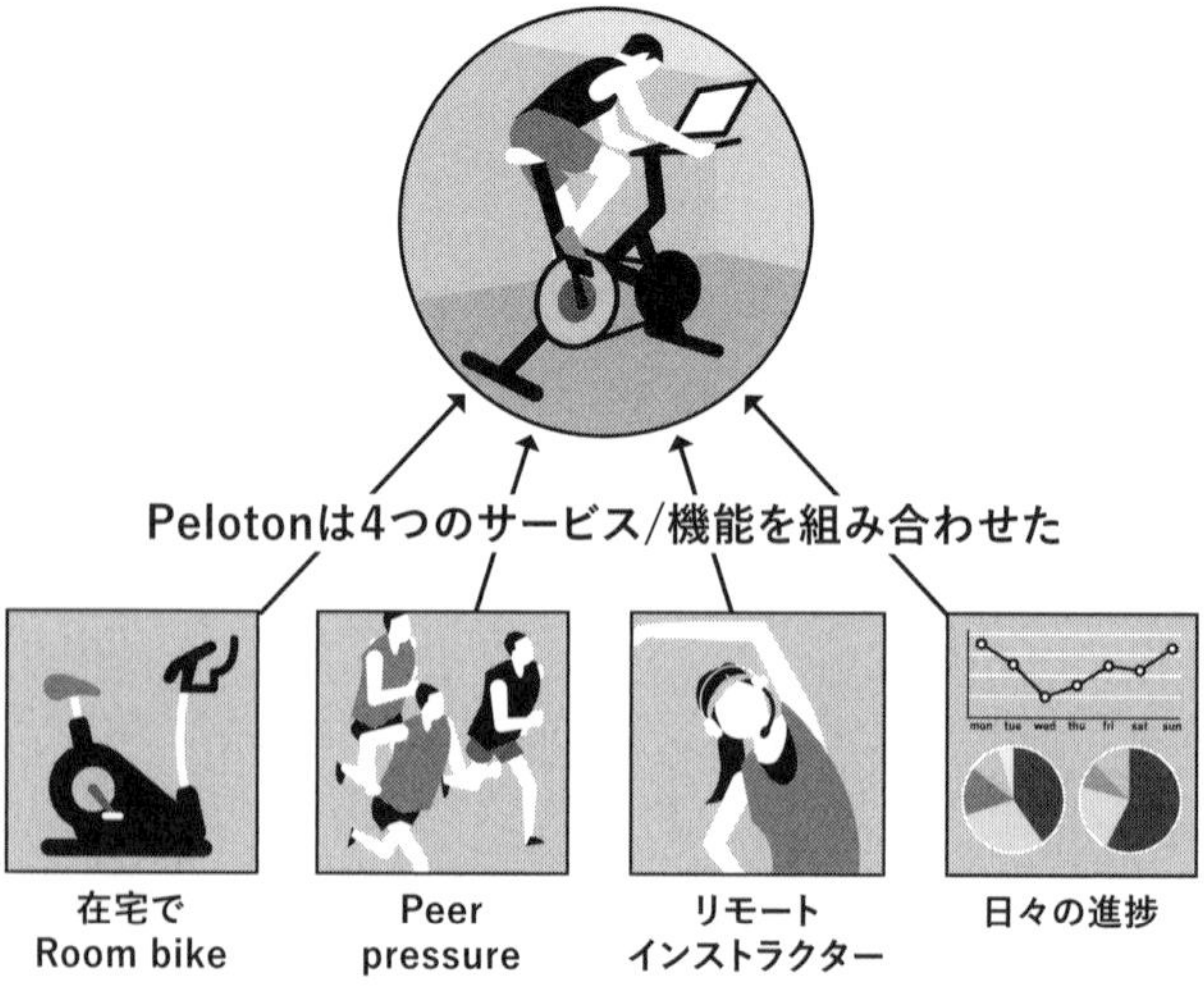

わせることで、事業を立ち上げることができるのです」

山田「なるほど、事業を立ち上げるというのは、『何か新しいものやソリューション』を発明する必要がある、と思っていました」

田所「新規事業とは発明することではありません。

例えば、Peloton（ペロトン）というアメリカで上場して、大きく成長している新たなフィットネスサービスを提供するスタートアップがあります。これなどは、まさに既存のアイデアを組み合わせたビジネスモデルだと言えるでしょう。

Pelotonはこの図（図表11）のように4つのサービスや機能を組み合わせて、成功した事例だと言えるでしょう」

山田「なるほど、こんなビジネスモデルもあるんですね！　これは先ほどのモデルで言うと、6つめの新しいコンビネーションですね」

田所「はい。Y Combinator（ワイ・コンビネーター）というスタートアップを支援する世界屈指のアクセラレーター

新規事業でハマりやすいワナ ㉑

既にうまくいっているモデルのリサーチをしない

世の中には、無数のサービスやプロダクトが存在しており、浸透している。そういう、**うまくいって浸透しているモデルが、なぜうまくいっているのかに日々注意を払い、アンテナを磨くことが重要**になる。既に世の中に存在していて、既にスケール（規模拡大）している類似の事業があるにもかかわらず、ただ単に知らないだけで、そこに闇雲に戦いを挑んでしまい、うまくいかないケースがある。

（Accelerator）があり、そこのDemo day（デモ・デイ）――様々なスタートアップの事業計画が発表されるイベントのこと――で披露されるスタートアップのモデルなどは非常に参考になるので、ぜひ見てみてください」

山田「なるほど、リサーチして、考えてみます！」

「制約条件と前提条件」を考慮せよ

前回の訪問から3日後、アイデアを考えてきた山田は、再び田所のオフィスを訪れた。

•••••

山田「田所さん、アイデアを考えてきました。船のアイドリング時間が長いということで、漁船のシェアリングなんてどうでしょうか？インバウンド向けシェアリングなんて良さそうです」

田所「なるほど、漁船が空いている時間を集約し、それを『在庫』とし

新規事業でハマりやすいワナ ㉒

事業の前提条件や制約条件を考慮しない

事業が成立するかどうかを見極めるには、「その前提となる条件が何か」「制約になるような要素がないか」をきちんと検証する必要がある。もし、それらが自明でない場合は、顧客ヒアリングや現場の観察を通じて明らかにしていくことになる。

て抱えて、それを別の漁師や、別の用途に活用するモデルですね。『バラバラな情報を集約する』という3つめのモデルと『休眠資産の活用』という4つめのモデルを掛け合わせたものになっています」

山田「すごい！　そうだったんですね。漁船のシェアリング事業ってことで進めていきます！」

田所「ちょっと待ってください。そもそも、**この事業モデルの実現性の前に立ちはだかる、制約条件や前提条件の確認が必要**です」

山田「制約条件と前提条件って何ですか？」

田所「例えば、制約条件で言うと、漁船の

図表12 事業アイデアの前提条件の検証①

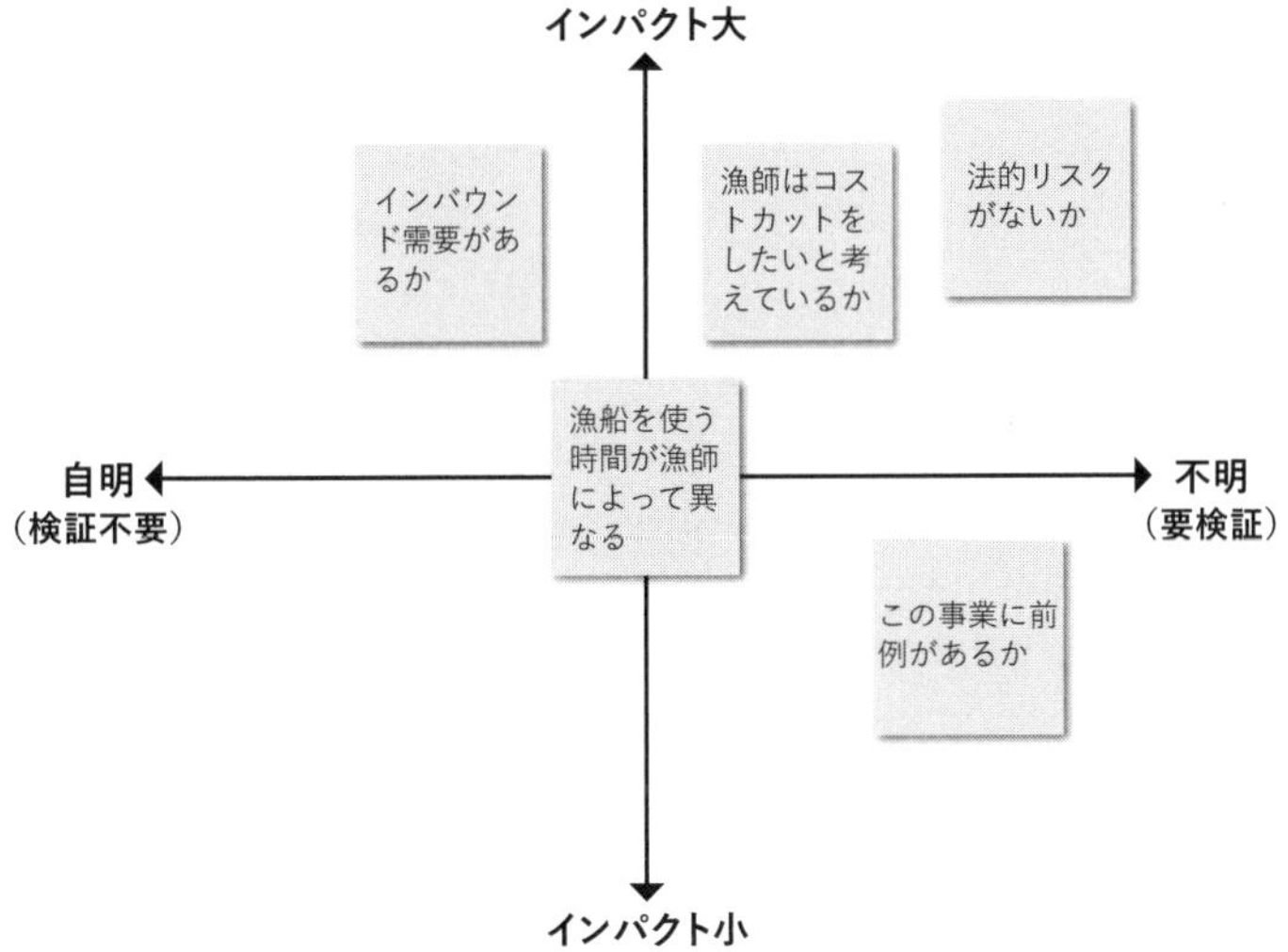

シェアリングって法的に問題ないのでしょうか？　また、前提条件となる顧客需要ですが、インバウンド向けって、このご時世、コロナ禍の影響もあって当分需要は見込めないのでは？　また、シェアリングするということですが、漁師によって、船を使う時間が異なるかどうかも、確認する必要がありますね」

山田「確かに、そういったことはあまり考えていませんでした」

田所「ここで改めて、解決すべき課題なのかどうか、前提条件の不確定度とインパクトについて考えてみましょう。この図（図表12）を見てください。事業に与えるインパクトと、自明かどうかの不確定要素の度合いをプロットしてみたら、こういう感じになります」

山田「なるほど、こんな感じでまとめてみると、アクションが明確になりますね。リサーチしてみます」

詳細な事業計画の落とし穴にも注意する

山田は田所からのアドバイスに従い、リサーチを行った。そして、再び田所のもとを訪れた。

・・・・・

山田「田所さん、ちゃんと調べましたよ。
漁船のシェアリングは法的に問題ないです。2011年の東日本大震災の時に、津波で、漁船が流されてしまって壊滅的な打撃を受けた漁師さんが、漁船をシェアしたという事例も発見することができました。
ただ、インバウンド向けのビジネスは、やはり厳しそうです。コロナ禍の影響で、インバウンドの観光者は、前年度と比較して、大幅に減ってしまっています」

田所「漁師は、コストカットしたいと考えていますか？」

山田「はい、10人にヒアリングして、9人がコストカットしたいとの回答でした」

田所「なるほど、漁船を使っている時間は漁師によって異なるんですか？　それとも、みんな一緒なんですか？」

山田「他の沿岸漁業の漁師さんにインタビューしたのですが、その方は夜、漁に出ていると言っていました。他にも、お昼ごろから漁に出る人もいるみたいです」

田所「であれば、漁師間のシェアリングの可能性を検討してみるといいと思います。夜間に漁に出る漁師さん、早朝に漁に出る漁師さん、日中に漁に出る漁師さんの間で、自分の船がアイドリングしている時に、融通し合うモデルなど考えることができますね」

山田「はい！　シェアリングビジネスモデルが良さそうです。ただ、こういった斬新なビジネスモデルは、うちはこれまでやったことがありません。検証を開始するための予算を確保するには部長を説得しないといけないし、説得するためには事業計画も作らないといけません。部長から5年で100億の売上目標を突きつけられているので、数字の面で、どうにか辻褄を合わせる必要があります」

田所「なるほど、数字が求められているので、事業計画が必要ということですね。ただ、事業計画を作る際は、落とし穴があるので注意してください」

山田「落とし穴？」

田所「いずれは、事業計画が必要になるとは思います。ただ、現段階において、詳細な事業計画は不要です」

山田「詳細な事業計画があったほうが社内を説得しやすい気がするし、何よりちゃんと考えている感じがして評価される気がしますが」

田所「その気持ちはよくわかります。ただ、よく考えてみてください。今回、考案した仮説も覆される可能性があるということです。

課題仮説やソリューション仮説は、顧客に提供した時のフィードバックや、実際のパフォーマンスによって検証され、更新されていきます。なので、**現段階で、ただ単に説得するための資料として、精緻な事業計画を作ることは、そこに費やした時間が無駄になってしまう可能性が高い**んです。

事業計画の際に、一番大事になるのは、売上になると思います。現段階で、売上予測が立てられますか？」

山田「現段階では、見当もつきません」

田所「売上というのは、『顧客数×顧客単価×顧客がそのプロダクトを使用（購入）する頻度（もしくはプロダクトの継続期間）』になります。ただ、現時点で、どれくらいの単価で、どれくらいの頻度で、どれくらいの数の顧客が漁船シェアリングサービスを使ってくれるかは、わかりません」

山田「確かに、そうですね、事業計画の売上は、プロダクトの発売後に、毎月20%ずつ伸びていくと……みたいな感じで書こうと思っていました。ざっくり計算したんですが、そうすれば、5年で100億の売上を超える計算です」

田所「ただ、その20%伸びるという根拠は弱いですね？　まだ、前提となる市場セグメントや価格なども決まっていません。前提条件があやふやなまま、20%伸びることをベースにして、計画を色々と策定したとしても、前提条件が変わった時に、その計画はすべて崩れてしまいます。5年で100億円の売上を上げるというストーリーの辻褄を合わせるためだけに、事業計画を作ることは、あまり意味がないと思いませんか？」

山田「なるほど、確かに、私が今から書こうとしていたものは『絵に描いた餅』のような気がします」

田所「もちろん、上司がどうしてもと言うなら、作成しないといけないと思います。ただ、次の2点を頭に入れておいてください。**1つめが、打席に立つ回数を増やすこと。2つめが、事業計画を作るサンクコストに注意することです。サンクコストとは、どうがんばっても回収できない費用のこと**です」

山田「1つめの、打席に立つ回数とはどういう意味でしょうか？」

田所「詳細な事業計画を作るためには、ある程度の時間とリソースを費やします。ただ、先ほど説明したように、この事業はまだ仮説段階なんです。仮説は……」

山田「覆されるためにある、ですよね？」

田所「はい。仮説は覆され、そこから〝学び〟を得ることで、より良いものになっていきます。つまり、**『仮説を立てる↓修正する↓再び仮説を立てる』というサイクルをどれだけ多く回して学習できるか、が重要**なんですよ」

山田「多く回して学習する。なるほど」

田所「打席に立つ回数を増やすということは、このサイクルを何回も回すということなのです。

前に解説しましたが、このプロセスを通じて、何がわかっていないかがわかっていない『無知の無知』から脱して、何がわかっていないかがわかる『無知の知』を目指していきます。そこで、『顧客自身も気づいていない価値の理解』『最初に狙うべき市場セグメントの明確化』『価値提供をし続けるための再現性』などができてきます。こうして『知の知』に近づいていくというイメージです。

私たちが目指している『プロダクト・マーケット・フィット（ＰＭＦ）』を達成できている状態とは、この『知の知』の状態に他なりません」

山田「なるほど。事業計画の作成に時間を費やしていると、仮説検証そのものにリソースが取られてしまい、場数を踏めなくなり、結果として、仮説自体の精度も上がっていかないということですね」

田所「その通りです。**事業計画はあくまで手段であり、事業計画を作ることが目的ではありません。**

あと、2つめの『事業計画のサンクコストに注意する』ということですが、詳細な事業計画を時間をかけて作れば作るほど、そこにかけた時間やリソースが増えてきます。そして、それを取り返したいと思う気持ちが起きてしまいます。

つまり、**『事業を成功させること』よりも、『かけたリソースを損切りしたくない』という思いが強くなり、無理をしてでも事業計画の達成を目指す、という本末転倒の状態に陥ってしまう**のです」

山田「なるほど、確かに、私が以前考えた魚群探知機付き釣竿でも、『それにかけたリソースを無駄にしたくない』『関わった人の高まった期待をないがしろにしたくない』という気持ちがどんどん強くなっていったことが思

新規事業でハマりやすいワナ ㉓

精緻な事業計画を最初から立てようとする

まだ顧客課題もはっきりしておらず、提供する価値の提案内容も定まらない状態で、精緻な事業計画を立てることが求められるケースがある。これは、時間やリソース（資源）を奪われるだけでなく、事業計画を立てた時間の「サンクコスト」（114ページ参照）を生み出してしまう。事業計画は手段であるにもかかわらず、結果として「事業計画に合わせにいくために数字を作る」という本末転倒が起きてしまうケースが多々ある。

い出されます」

田所「でも、その気持ちに囚《とら》われて、『顧客課題の不在』という状況を、ある意味、見て見ぬ振りしてしまったのでないでしょうか？」

山田「ああ、おっしゃる通りです。耳が痛いです。顧客のほうではなく、社内の各関係者のほうを向いてプロジェクトを回していた感じです。

社内を巻き込んでいましたので、気がついた時には引くには引けない状況に陥っていました。リソースの8割を上司への報告、他メンバーへの相談、チームへの連絡に使っていました。そういう社内の諸々の社内調整が終わってようやく、顧客と話していたと思います。ただ、顧客と話すといっても、社内調整でできた計画を、ただ単に、確認しているだけでした」

田所「既存事業においては、そのリソースを確保するために、社内のステークホルダー（利害関係者）を説得することや、その説得材料として投入したリソースをどう回収していくのかの計画を立てることが、とても重要だと思います。

ただ、**新規事業を作る上では、社内の説得や相談に力を注ぐのではなく、顧客と向かい合い仮説を検証していくことに、最も時間とリソースを使うべき**であると思います」

山田「なるほど」

「リーンキャンバス」を活用する

田所「とは言っても、一応の事業仮説を作っておく必要があります。ここで『**リーンキャンバス（Lean Canvas）**』というフレームワークを紹介したいと思います。山田さん、リーンキャンバスって知っていますか？」

山田「はい。『起業の科学』で紹介されていたフレームワークですね。なんとなく、覚えていますが、書いたことはありません」

田所「**リーンキャンバスは9つの要素から事業プランを整理するフレームワーク**です。一枚の紙面上で自分の事業仮説を俯瞰的に整理できるのがメリットです。リーンキャンバスは、アッシュ・マウリャという連続起業家が書いた『Runnig Lean』（オライリージャパン）という書籍で紹介されています。リーンキャンバスには、以下の9つの要素があります」

リーンキャンバスを構成する9つの要素

①Problem（課題）……その事業の課題

②Customer Segments（顧客セグメント）……アーリアダプターやペルソナといった顧客のターゲット層
③Unique Value Proposition（独自の価値提案）……ライバルとの差別化をする要素と注目に値する価値を短くまとめたメッセージ
④Solution（解決策）……課題に対する解決策
⑤Channels（チャネル）……ペルソナへの経路
⑥Revenue Streams（収益の流れ）……マネタイズの方法
⑦Cost Structure（コスト構造）……人件費やペルソナの獲得コストなど
⑧Key Metrics（主要指標）……ＫＰＩなどのその事業に関する目標指数
⑨Unfair Advantage（圧倒的な優位性）……簡単にコピーや真似ができない点

山田「なるほど、この9つの項目を埋めていく感じなんですね」
田所「はい、ですが、これを書いていく順番が非常に大事になります。ともすれば、最初に4つめのソリューション（解決策）から書いてしまいがちになります」
山田「魚群探知機付き釣竿も、そんな感じでした」
田所「**大事なことは、最初に、1つめの顧客課題と、2つめの顧客セグメントを書いてみるこ**

とです。その上で、3つめの、どのような独自の価値提案を課題に対して提供できるかを書き出してみます」

山田「なるほど」

田所「リーンキャンバスには、次の4つのメリットがあります」

リーンキャンバスのメリット

① 圧倒的に短い時間で書くことができる。慣れてきたら1～2時間で書くことができる。また、修正も簡単

② 誰にでも簡単に書けるフォーマットになっている。リーンキャンバスを書くのに、特別なトレーニングは必要ない

③ 新規事業に必要な9つの項目が、漏れなくダブりなくカバーされているので理解しやすい

④ A4一枚か、PowerPoint1ページで書けるので、どこでも簡単に持ち歩ける

山田「なるほど、非常に便利なフレームワークですね！」

田所「では、1時間ほど時間を差し上げるので、今回の事業モデルのリーンキャンバスを書いてみてください」

山田「はい、近くのカフェに行って書いてきます」

・・・・・

1時間後、リーンキャンバスを書き上げた山田が田所のオフィスに帰ってきた。

・・・・・

山田「一旦、ここまで書くことができました。ただ、『収益の流れ』『コスト構造』『主要指標』『圧倒的な優位性』などの書き方がよくわかりません」

田所「収益の流れ、コスト構造、チャネル

図表13 **ビジネスモデルの概念図**

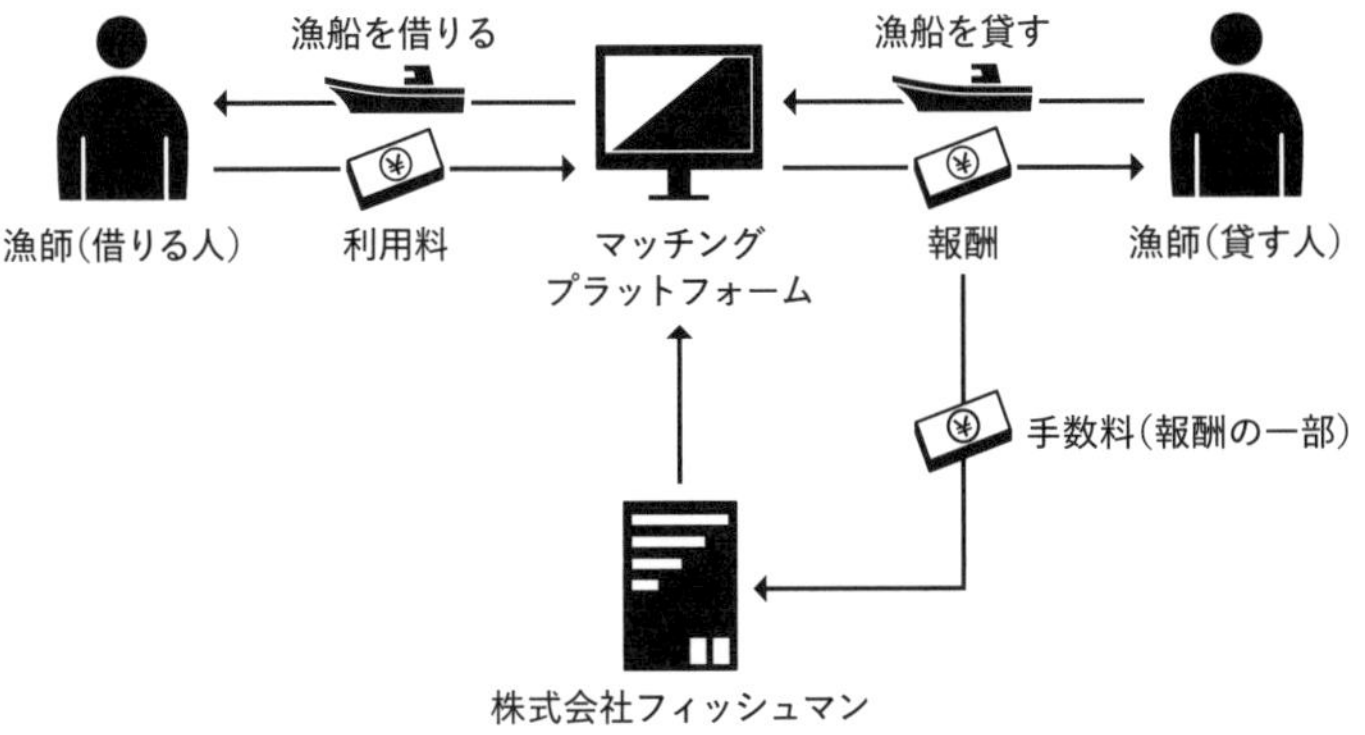

の仮説を立てるには、改めて、ビジネスモデルを表現してみると良いでしょう。次のポイントを参考にしてください」

ビジネスモデルを書く時のポイント

①自分たちを含めてどういうステークホルダーがいるのか？

②それぞれのステークホルダーの間でどのような価値交換（金銭／サービス役務）が行われるのか

田所「ちなみに、今回のビジネスモデルを描くと、この図（図表13）のような感じになると思います」

図表14 リーンキャンバス①

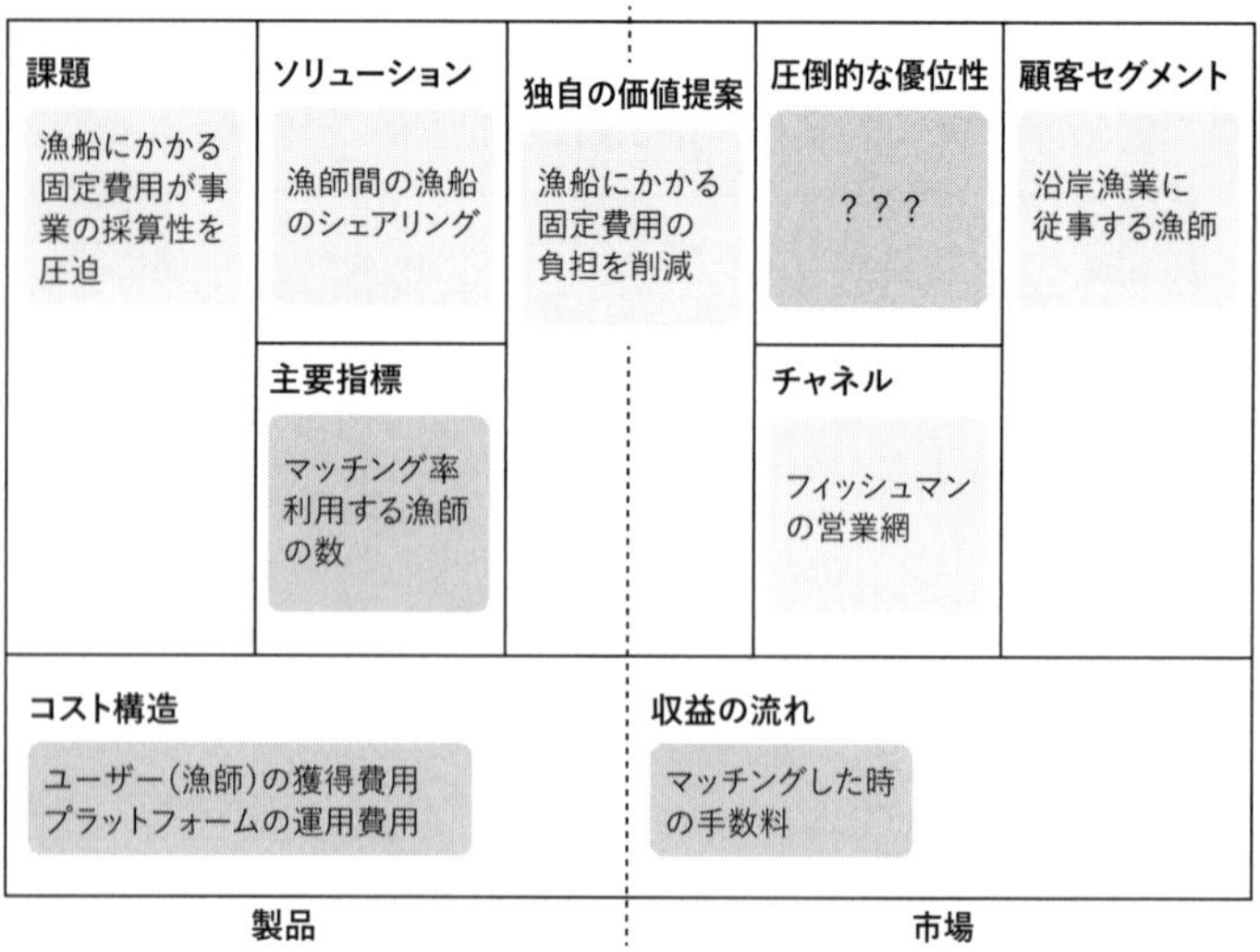

山田「なるほど、こうやって表現するとわかりやすいですね。これをベースにすると、こんな感じ（図表14）になりそうです。この『圧倒的な優位性』はまだわからないのでブランクでも良いでしょうか？」

田所「はい、大丈夫です。**リーンキャンバスは事業経過と共にどんどんブラッシュアップするドキュメントなので、最初から、最善の答えがなくとも問題ありません。**今、考えていることと、現時点でわかっていることを、とりあえずすべて書き出すことが重要です」

山田「なるほど、リーンキャンバスを仮説として活用するということですね」

「TAM」「SAM」「SOM」を計算する

田所「はい、リーンキャンバスに加えて、自分たちの狙っている市場がどの程度魅力的なのかを明確にする必要があります。そこで『TAM《タム》』『SAM《サム》』『SOM《ソム》』は計算しておきましょう」

山田「すいません。その呪文のような言葉はどのような意味なのでしょうか？」

田所「**TAMというのは『Total Addressable Market（トータル・アドレッサブル・マーケット）』の略です。ある市場の中で獲得できる可能性のある最大の市場規模、つまり商**

品・サービスの総需要のことです。『潜在マーケット』と言い換えることもできます。
今回のシェアリングの事業のTAMで言うと、日本全国の漁師全員がこのサービスを使った時の市場サイズや売上規模になります」

山田「なるほど、TAMというのはすべての市場を取り切った時に、どれくらいのサイズになるのかを表現したもの、ということですね」

田所「はい、次が**SAMです。これは『Serviceable Available Market(サービサブル・アヴェイラブル・マーケット)』の略で、狙っている顧客セグメントの市場規模**になります。おそらく、この事業において狙う市場セグメントは、沿岸漁業に従事する人が対象になりますね。そこを算出します」

山田「では3つめのSOMって、何ですか?」

田所「**SOMは『Serviceable Obtainable Market(サービサブル・オブテイナブル・マーケット)』の略です。実際にアプローチして獲得できるであろう市場規模のこと**で、新規事業の売上目標とも言えます」

山田「理解できた気がします」

田所「新規事業が捉えようとしている市場が最大でどれくらいの規模になりそうかを試算しておくことが重要です。前に、『Go To Market』のフレームを解説した時にお話ししたように、『左利き用のハサミを作らない』ということです。『Go To Market』を通じて、最初に狙う市場セグメントの仮説を定めますが、加えて、**最初の市場から派生して、最終的にどれくらいの潜在的な市場規模があるかを想定しておくことが重要**になります。これによって、やろうとしている事業がどれくらい魅力的なのか、ポテンシャルがあるのかを見極めていきます」

山田「市場規模を把握しておくことの重要性は理解できたのですが、どのように求めればよいのでしょうか?」

田所「市場全体のサイズを推定する時は、コンサル会社、リサーチ会社、政府が出しているレポートを参考にすると良いでしょう。ただ単に市場規模というより、『顧客数×頻度×1回当たりの売上(費用)』の掛け算で求めると、より明確にすることができます」

山田「頻度も考えるんですね」

田所「はい。**頻度はよく抜けがちな視点です。**どんなに不満や不安が大きくて、ターゲットとなるユーザーの数が多くても、頻度が極端に低いものだと、市場として成り立たない可能性があるのです。例え

新規事業でハマりやすいワナ ㉔

市場規模を短絡的に顧客数と捉えてしまう

市場のポテンシャル(TAM/SAM/SOM:123ページ参照)を検証し試算する時は、顧客数に加えて、使用頻度も考慮することが重要だ。購入頻度が高いものと低いものでは、顧客数が同じであっても、市場規模は大きく変わってくる。

ば、地震が発生して、閉じ込められた時の非常食サービスなどいかがでしょうか?」

山田「確かに、地震は誰でも経験することですし、閉じ込められた時に、食事に困るかもしれないですね。ただ、閉じ込められて、空腹で困るような確率はかなり低いように思えます」

田所「常識で考えれば、こういったアイデアは『筋がよくない』と考えることができますが、起業家は自分の考えたアイデアに執着してしまい、なかなか冷静に判断することができないのです」

山田「これは、以前教えていただいたサンクコスト問題ですね」

田所「はい、おっしゃる通りです。ここで、『TAM』『SAM』『SOM』を求める方法として、フェルミ推定などを解説したいと思います」

山田「フェルミ推定?」

田所「フェルミ推定とは、一見予想もつかないような数字を、論理的思考能力を頼りに概算することです。例えば、山田さんが考案したシェアリングビジネスの『TAM』『SAM』『SOM』を計算してみましょう。

漁師1人当たりの漁船のアイドリング時間は、年間1000時間。漁師全人口は21万人で、うち沿岸漁業3万人。シェアリング1時間当たりの収益3000円のうち3割が手数料としましょう」

山田さんが考案したシェアリングビジネスの「TAM」「SAM」「SOM」

①TAM（漁師全人口を対象）：1890億円（漁師全人口数×アイドリング時間×シェアリング1時間当たりの収益×手数料率）
②SAM（沿岸漁業の漁師を対象）：270億円（沿岸漁業の漁師数×アイドリング時間×シェアリング1時間当たりの収益×手数料率）
③SOM（10%のシェア）：27億円（沿岸漁業の漁師数×アイドリング時間×シェアリング1時間当たりの収益×手数料率×シェア10%）

山田「1890億円と270億円……部長が喜びそうな数字です！　部長に提案してきます！」

第3章

山田さん、再び「顧客不在」のまま突っ走る

シェアリングビジネスに挑む

田所にアドバイスをもらった翌日、山田はさっそく、上司の佐藤部長に「漁師間の漁船のシェアリング案」を提案したが、部長はポカンとした顔で、全く理解できていないようだった。

・・・・

佐藤「まぁ、とりあえず事業計画を作ってくれ。それを報告書としてまとめる必要がある」

山田「事業計画ですか……まだ市場があるかないかもわかっていない状態、すなわち、PMF前の段階なので、非常に作成するのが難しく……今作成できたとしても〝絵に描いた餅〟になってしまう気がしておりまして……」

佐藤「ごちゃごちゃ言わず、それを作るのがお前の仕事だろ。あと、その事業は5年で100億儲かるのかね？　シェアリングなんて、長年積み上げてきたわが社の技術力が全く活かせないし、そもそも、どこに市場があるというんだ？」

山田「私の試算によると、最大の市場規模は270億円規模のマーケットです。あと、この『起業の科学』によると、市場を新たに作るためにはスタートアップ型の新規事業をやる必要があるようでして……」

佐藤「その本の第1章にあった、スタートアップとスモールビジネスの違いってやつだな？」

山田「は、はい！　そうです！　魚群探知機付き釣竿は、まさにスモールビジネス型の発想でした。**今の市場の延長線上では、新たな市場を探索して創造する未来志向の新規事業です。スタートアップ型ビジネスとは、スタートアップ型ビジネスを着想できません。**」

佐藤「スタートアップ型を目指すべきなのはなんとなくわかったが、どう考えてもシェアリングなんかより、ＳＮＳ映えするオシャレな釣竿や、弊社のサーモヒーターの技術で持ち手が温かくなる釣竿のほうが売れるだろう」

山田「私もそう思ってはいたのですが、実際に顧客と話すことで、釣竿に強い課題を感じている漁師はいないのではと思うようになりまして……」

佐藤「それは何ページだ？」

山田「えっと、『課題仮説を構築する』ということで、106ページからになります」

佐藤「なるほど、まずはＣＰＦ（Customer Problem Fit：カスタマー・プロブレム・フィット）、つまり『顧客と課題の一致』を目指すということか」

山田「はい、魚群探知機付き釣竿のプロジェクトがなぜうまくいかなかったかというと、顧客課題を考えずに、自分たちが作りたいものを作ってしまい、それがうまくいくことを疑わず、自社のチャネルを使って売り込みをかけたからだと考えています」

佐藤「この『起業の科学』で指摘しているみたいに、『顧客が求めるおいしいラーメンができあがる前に、ラーメンを売ることばかりを考えてしまった』ということだね」

山田「悔しいですが、その通りだと思います。私も10年間、営業は『まず自分を売り込め』で、『足で稼いで注文が取れるまで帰ってくるな』という行動パターンが染み付いていました。これは、既に顕在化した市場における競争では、正しいのかもしれませんが……」

佐藤「そうだな、うちはそういうスタイルで、全国に販売網を広げてきたしな」

山田「はい、ですが、全く新しいことを始める新規事業においては、『顧客自身も欲しいものがわかっていない』可能性が高いので、まず、『何が本当に欲しいものか』を見つけることが重要ということです。そのために顧客と対話する、顧客のニーズの深掘りをするインタビューをやりたいと考えています」

佐藤「君がそこまで言うなら、インタビューをやってみなさい。アレンジを頼むよ」

山田「承知しました！」

新たな仲間が加わる

佐藤部長を説得し、「漁船のシェアリングビジネス（マッチングビジネス）」について検討を進める承認を得た山田は、さっそく、世の中のマッチングサービスについて調べてみた。

「こうやって注目してみると、世の中ってマッチングサービスだらけだな」

普段、気にもかけていなかったが、世の中には、マッチングサービスであふれていた。賃貸物件の貸したい人と借りたい人、不動産物件の買いたい人と売りたい人、中古車を買いたい人と売りたい人などをマッチングするサービスだけでなく、自分の持っているスキルを人に提供するクラウドソーシングのサービスなどもマッチングだ。

こうやって、半日くらいリサーチしていると、山田はある共通点に気がついた。

「どのサービスもアプリがあるな……そうか！　まずアプリ制作から始めればいいんだ！」

山田はすぐに同期の魚械《ぎょかい》に連絡した。数年前に、魚械が社内の情報共有用ポータルサイトをアプリで作り、話題になったことを山田は思い出したからだ。魚械はフィッシュマンのＩＴ部門にエンジニアとして勤めており、ＩＴ部門のエースとして社内で絶大な信頼を得ていた。

運よく魚械からすぐに返事があり、山田は仕事帰りに飲みに行く約束を取り付けた。

会社を出た2人は、新人の時によく行っていた居酒屋に向かった。

・・・・・

山田「実は相談があるんだ。お前のエンジニアとしての腕を見込んで、マッチングアプリを作ってほしいんだ」

魚械「お前、既婚者のくせに、女性との出逢いを求めてるのか？　それだったら、作るより利用したほうが早いぜ」

山田「そっちじゃなくて、うち（フィッシュマン）の新規事業の話なんだ」

魚械「新規事業？　魚群探知機付きの釣竿じゃなかったのか？」

山田「色々あってうまくいかなくてさ、漁船を貸したい漁師と、漁船を借りたい漁師をマッチングするサービスを新たに考えているんだ。サービスをローンチするにはアプリが必要なんだ。言ってみたら、漁船のUberみたいな感じだ」

魚械「漁船のUber！　とても面白そうじゃん！　乗ったよ。俺も最近、ああいう斬新なアプリを作りたくて、うずうずしていたんだよ」

山田「そうか！　じゃあ、お願いするよ」

魚械「オッケー。ただ、俺一人ではリソースが足りないから、俺の大学の先輩がいる株式会社Manbow（以下、マンボウ社）に頼めば、安く作ってもらえるかも。訊いてみるよ」

山田「心強いよ、ありがとう！」

魚械「なんか久しぶりにワクワクしてきたわ！　ぶっちゃけ、最近の仕事、社内のIT化対応ばかりでつまんなくてさ。アプリ制作に関わってみたかったんだ。じゃあ、俺のほうで社内の稟議書を作成して、鮪谷社長と佐藤部長に話しておくよ。根回しは任せてくれ！」

山田「さ、さすが、社内のエースは違うな。ところで、一番大事なのが漁師の人たちが抱える課題なんだけど、その課題っていうのが……」

魚械「わかってる、わかってる！　すべてを解決するパーフェクトなアプリを作ってやるぜ！　じゃあ、この辺で俺帰るわ」

山田「ちょ、ちょっと待ってよ！」

魚械「じゃあなー、楽しみにしとけよ」

・・・・・

魚械は全く漁師の課題には興味がなそうだったが、山田は味方が一人増えた気がしてとても心強かった。

1週間後、山田は佐藤部長に呼ばれた。とんとん拍子で話が進み、アプリ開発（総制作費用1000万円）をマンボウ社へ依頼することになったようだ。既に、前工程の開発費用である200万円を支払ったとのことだった。

・・・・・

佐藤「鮪谷社長、先日ご相談した新

新規事業でハマりやすいワナ㉕

メンバー選定を誤る

新規事業を立ち上げる時、**メンバーの選定はとても重要**だ。メンバーを集める際に、着目するべき2つの軸がある。

1つめは、**「スキルフィット」**である。新たなメンバーに参画してもらう際には、既存のメンバーが持っているスキルと補完関係があるかどうかが重要になる。例えば、創業メンバーにエンジニアスキルやデザインスキルがない場合は、それらのスキルを持つメンバーを集めることになる。

2つめは、それにも増して重要な軸である。それは**「カルチャーフィット」**と呼ばれるものだ。「カルチャーフィット」とは、事業の内容や、解決しようとしている課題にどれくらい共感しているかを示すものになる。いわば、事業が目指しているビジョン（未来像）への共感である。

スキルフィットさえあれば、カルチャーフィットは別になくても良い、という人選をしがちだが、後になって大問題に発展することが多いので要注意だ。**優先順位を図表15に示した**ので、参考にしてほしい。

規事業の件ですが、さっそくアプリ開発に着手しました。必ず当社の柱となるような新規事業を作ってみせますので、よろしくお願いいたします！」

鮪谷「そんなに進んでいるのか！　さすがだよ、佐藤くん」

佐藤「ありがとうございます。もっといい報告ができるようにがんばります！

　山田くん、あとは魚械くんと協力して頼んだよ」

山田「はい！」

・・・・・

　山田は、「これでやっと漁師さんに喜んでもらえるプロダクトができる」と、とてもワクワクした気持ちでいっぱいだった。

図表15　メンバー選定の優先順位

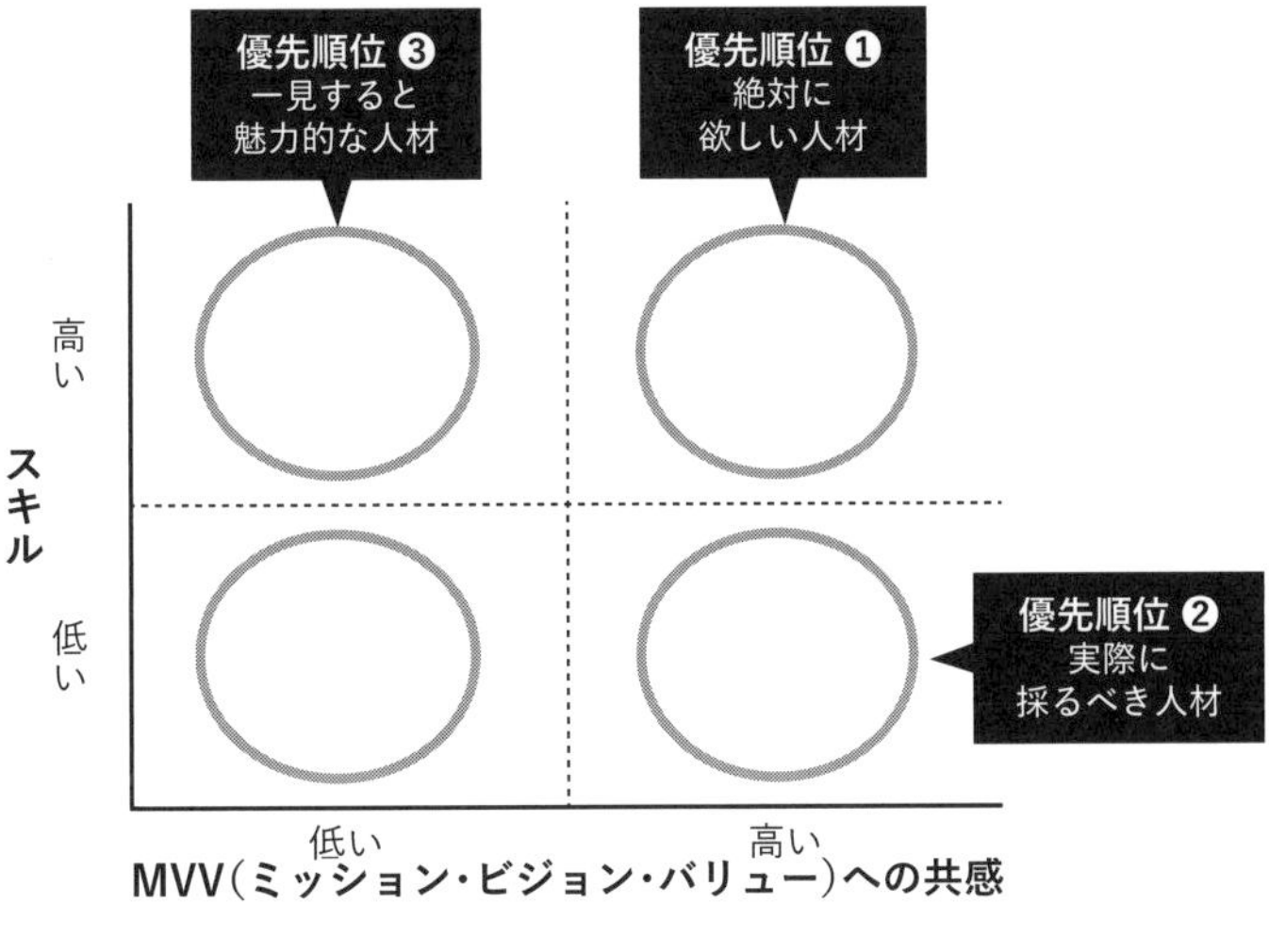

顧客ヒアリングの落とし穴にはまる

アプリの試作品ができると、山田は、さっそく、以前からお世話になっている漁師の石井さんのもとへ再びインタビューに向かった。田所のおかげで顧客インタビューの重要性を理解していたからだ。石井さんは個人的に山田のことを気に入ってくれていて、訪問するたびに歓迎してくれた。

・・・・・

山田「石井さん、お世話になってます！」
石井「お！　山田くん、よく来たね！　例の新規事業はがんばってるか？」
山田「がんばってます！　今日はその件で少しお伺いしたいことがあります」
石井「今日も来てくれて嬉しいよ！　何でも協力するよ！」
山田「いつもありがとうございます！　実は、今、漁師さん向けに画期的なアプリを作っています。それは、石井さんの船を他の漁師さんにシェアリングできるサービスなんです。こちらなんですが」

石井「ふむ。これがアプリいうもんか。なんだかとても良さそうやな。シェアリングとか言ったか？　漁師にとっても新たな収入源になるのはありがたい。さすが山田くんだ。何でも聞いてくれ」

山田「ありがとうございます！」

・・・・・

山田は実際にスマホを取り出し、アプリを見せながら熱意を込めて説明を進め

新規事業でハマりやすいワナ ㉖

形や体裁にこだわる

新規事業では、「仮説構築→仮説検証→仮説構築……」というサイクルを回しながら、仮説の精度を上げていくことが重要だ。

ただ、**最初のフェーズで行う「仮説検証」では、「本当に事業が前に進んでいるという感覚（手触り感）」を持てない場合がある。**それを払拭するために、見える形の成果を急ぐケースがある。とりあえず「プロダクト」を作ったり、「広告」を出したりする行動が、それにあたる。

既に確立された事業においては、そういった「目に見える成果」を挙げないと、周りに評価されない場合が多い。しかし、新規事業においては、こういうスタンスは要注意だ。「顧客のインサイトを獲得して、独自の価値提案を検証する」ことは時として、抽象的で、目に見える成果が出にくい場合がある。

ただ、粘り強く顧客と対話し、仮説検証し、一歩一歩前に進んでいく必要がある。**「関係者から評価を得るためだけに、成果をなんとかして見える化すること」は避けるべき**である。鮪谷社長や佐藤部長は、「目に見えない本質的な成果」よりも「見える成果」にフォーカスしてしまっている。結果として、知らないうちに、「新規事業でハマりやすいワナ⑩」でも紹介した「Product Me Fit」のような、「自分たちが作りたいものを作る」ワナにハマるケースが少なくない。

た。石井さんの反応は好意的だった。

しかし、石井さんが内心では「アプリ？　シェアリング？　なんかよくわからんが、山田くんが一生懸命作ったみたいだし、ここは背中を押してあげよう」と思っていることに、山田は気がついていなかった。

石井さん以外にも、山田は以前からお世話になっている漁師たちにインタビューを行った。反応はおおむね石井さんと似ていた。そのため、漁師は必ずこのアプリを使ってくれるだろうという確信を、山田は深めていった。

また、アプリのことは魚械に任

新規事業でハマりやすいワナ ㉗

顧客が起案者や担当者のファンになってしまい、正直なフィードバックをくれない

「意思ではなく、行動を尋ねろ」というのは、重要なポイントである。

新規事業開発における顧客インタビューはとても難しい。その理由の一つに、「**顧客のファン化**」がある。課題仮説の検証からつき合ってくれる顧客を見つけることはとても重要だ。それゆえ、新規事業を推進する人たちは、仮説検証に協力してくれる顧客を見つけようと、自分たちの思いを熱く語り、ビジョンに共感してもらおうとする。

これはこれでとても重要なのだが、問題点もある。上記の石井さんのように親身になってインタビューにつき合ってくれる顧客は、**良くも悪くも、山田さんをなんとしても応援しようという「山田ファン」になってしまっている**。石井さんのように、実際にはスマホも使わなかったり、言葉の意味がわからなかったりしても、**正直にその思いを口に出してくれなくなる**のだ。

これは、顧客と親しくなるなという意味ではない。意識的に新規顧客にもインタビューするようにするなど、「親しくなる＝バイアスがかかる可能性がある」という点を頭に入れておくべきである。

せておけばよいという思いがあった。山田自身も、アプリやエンジニアリングについては、素人同然だったので、自分が口出しするのは、おこがましいと思い、特に干渉しなかった。

魚械とちゃんと話し合うタイミングもないまま、あっという間に3ヶ月が経過し、アプリ開発前半の途中報告が行われる日が来た。マンボウ社の担当者（以下、マ社）と魚械、佐藤部長、山田の4名でミーティングが行われた。

・・・・・

マ社「現時点のアプリについてご説明させていただきます。魚械様とご相談させていただきまして、漁師と漁師のマッチング機能に加え、漁師が釣竿について話すためのコミュニティ機能、御社から漁師へ情報発信できるようなメディア機能、近くにいる漁師がわかるGPS機能などが付いております」

佐藤「これだけの機能があれば、漁師は喜ぶに違いない。素晴らしい。この魚のアイコンなんかは、ピチピチ跳ねているような動きを付けると良いかもしれないな」

魚械「今流行のライブストリーミング機能（投稿者が実況中継できる仕組み）も入れると面白いかもしれません」

佐藤「そうだな。あとボタンの色なんだが、弊社のコーポレートカラーの色にするなんてどうかな。あとは、漁師を検索して友達申請できる機能なんかも良いかもしれないな」

魚械「ナイスアイデアですね、部長！　では、それらも加えていただけますか？」

マ社「承知しました！　では、1週間以内に追加の機能があれば、何でもお申し付けください。追加費用を頂戴することになってしまいますが、見積書については再度お送りさせていただきます」

佐藤「わかりました、よろしくお願いします！
山田、社内ルールがあるから稟議書を書いておいてくれ。俺から社長に説明する時に必要だからな」

山田「わかりました！」

新規事業でハマりやすいワナ㉘

顧客不在のまま始まるプロダクト開発

エンジニアやデザイナー、プログラマーなどの専門職の人たちは、もの作りが大好きだ。新しいプロダクトを作りたくてしょうがない。エンジニアはものを組み立てたいし、デザイナーは設計やデザインをしたいし、プログラマーはプログラムコードを書きたいのだ。当然、そういったスキルや仕事が既存事業の中で活かされて評価される。

ところが、**新規事業においては特に、初期段階における仮説や課題の検証が欠かせない。**それを忘れ、「顧客不在」のまま、楽しくてしょうがないプロダクト作りに勤しんでしまう。「新規事業でハマりやすいワナ⑩」で紹介した「Product Me Fit」だ。その結果、「新規事業でハマりやすいワナ③」でも述べたような「高機能なものを作ること自体が目的となった製品づくり」も起こる。**手段の目的化には要注意**だ。

「自分たちが作りたいもの」を作ってしまう

無事にアプリ開発が進んでいたこともあり、山田は田所のところへ報告に行くことにした。

・・・・・

山田「田所さん、聞いてくださいよ！　無事、漁船のシェアリングビジネスの社内承認が取れたので、今、マッチングアプリの開発に取り組んでいるのですが、開発は順調に進んでいます。これも田所さんのおかげですよ。部長も上機嫌で、新規事業をやっている感がやっと出てきました」

田所「なるほど、どんな感じで進めていますか？」

山田「僕と社内エンジニアの魚械と、魚械のよく知っている開発会社で進めています。僕は、アプリやエンジニアに関しては、全くのド素人なんで、魚械にイメージを伝えて要件定義してもらって、開発会社のディレクションをしています。

あ、そうだ、ちょうどiPhoneアプリのプロトタイプができたので見てください！」

山田は田所に対して、アプリの多種多様な機能について力説した。

・・・・・

・・・・・

山田「どうですか？　なかなか上出来ではないでしょうか？」

田所「共有、ありがとうございます。ところで顧客へのインタビューはしましたか？」

山田「やりましたよ！　以前からお世話になっている漁師さん４人にヒアリングに行きました。みんな応援してくれてました！」

田所「どんな感じでヒアリングしましたか？」

山田「我々が考えているアプリのアイデアを伝えて、使いたいかどうかを聞いたら、みんな使いたいって言っていましたね」

田所「山田さん、以前と同じミスをしてしまったことに気づいていますか？」

山田「……ミスですか？」

田所「はい。私は以前、顧客インタビューでは『**意思ではなく、行動を尋ねよ**』と言ったはずです」

山田「そ、そうでした……。『使いたいですか？』というインタビューはまずかったということでしょうか？」

田所「特に漁師の皆さんは、既に山田さんの熱い思いを理解してくださっている方々ですよね？」

山田「はい、以前からお世話になっていて、私の新規事業を応援してくれています」

田所「だからこそ、意思を尋ねてはダメなんですよ。漁師さんたちは良くも悪くも山田さんのファンになっているんです」

山田「私のファン？」

田所「はい。皆さん、本音を言うというよりは、山田さんを応援しようという思いになっているはずです。プロダクトの良し悪しよりも、山田さんとの良好な関係を築くことが重要になっている状態ですね。結果として、顧客はそのプロダクトに価値がない、と本音では思っていても、関係性を悪くしたくないので、このプロダクトは素晴らしいというリップサービスを言うことがあります」

山田「なるほど……」

田所「顧客を巻き込み、味方にするというのはとても大切なことですが、そうなると、過剰なポジティブバイアスがかかってしまうという点も忘れてはいけません」

山田「顧客インタビューって、本当に難しいですね」

田所「そうですね、新規事業は仮説を顧客にぶつけて修正するということの繰り返しであると言っても過言ではありません。つまり、**顧客インタビューが成功の鍵を握る**のです」

山田「肝に銘じておきます」

田所「あと、先ほどのアプリのデモを見て思ったのですが、機能を加えすぎだと思います。なぜ顧客ニーズを確認する前に、そんな多機能なアプリを作ってしまったのですか？」

山田「確認する前に機能を追加していくのは当たり前なのではないでしょうか？　なんというか、モノがないと、そもそも顧客ニーズなんて確認できないと思うのですが」

新規事業でハマりやすいワナ ㉙

初期段階にもかかわらず、機能を追加しすぎる

Startup Genome（スタートアップ・ゲノム）という、スタートアップの成功例と失敗例をリサーチしている会社がある。同社の3000社を超えるリサーチ※によると、「**失敗するスタートアップは、早くからプロダクトを作り込みすぎる傾向がある**」そうである。失敗するスタートアップは、成功するスタートアップよりも約３倍のプログラムコードを初期段階で書いていたということだ。

（※ https://innovationfootprints.com/wp-content/uploads/2015/07/startup-genome-report-extra-on-premature-scaling.pdf）

田所「それは大きな勘違いです。**失敗するプロジェクトは、最初に機能を追加しすぎる傾向があるのです**」

山田「なるほど……」

田所「アプリ開発にどのくらいのコストをかけたのですか？」

山田「今のところ200万円ですが、合計1000万円を超える予定です」

田所「仮説は覆されるためにあります。その点は理解していただいてますよね？」

山田「はい、それはよく理解しています」

田所「では、なぜいきなり1000万円もかけて、覆されるであろう仮説を検証しにいくのでしょうか？　そこまでコストをかけて作り込んだもので検証する必要がありますかね？」

山田「確かにそうですね……」

仮説検証に適した「MVP」から始めよ

田所「MVPって、どういう意味だったか覚えていますか？」

山田「最小限で実行可能な製品ですよね？」

田所「直訳するとそうなんですが、**MVPは最小限で仮説検証可能な製品というところが最も**

重要です。アプリをこの段階で作るなんて、明らかに作りすぎです」

山田「仮説検証することが目的でしたね……」

田所「**MVPと一言で言っても、様々な形のMVPがあります。**MVPの種類について解説しましょう。

まず、**事業コンセプト・欲しい機能に関するフィードバックが得られるMVP**です。これを**顧客フィードバック用MVP**と言います。これには3つのパターンがあります」

顧客フィードバック用MVP

① 事業コンセプトを説明した営業資料、スライド、パンフレット、ランディングページ
② 事業コンセプトを伝えるイメージデザイン、動画
③ 事業コンセプトを伝える広告バナー（Google、Facebookに出稿して反応を見る）

山田「MVPってこんなにシンプルなパターンもあるんですか？」

田所「はい、実際にものを作らずとも、営業資料やパンフレットを用いて、ターゲットユーザーに示して反応を見ることができますし、製品を使っているシーンやフローを簡単なイメ

ージや動画に落とし込み、ターゲットユーザーに提示して、反応を見ることができます。『ランディングページ（Landing Page）』は、検索結果や広告などを経由して訪問者が最初にアクセスするウェブサイトのページのことで、『LP』とも呼ばれます」

山田「なるほど。営業資料やパンフレットなどなら、すぐにできそうです」

田所「はい、私はこれをMVPならぬ**『MSP』**と呼んでいます。**『Minimum Sellable Product（ミニマム・セラブル・プロダクト）』の略で、『製品を作る前に、売れるかどうか検証する』ために使えるプロダクト**です」

山田「MSP、なるほど。作る前に売る、ということですね」

田所「大事なことは、営業資料、パンフレットにきちんと製品やサービスを利用するための値段を付けることです。そうすることで、ユーザーが実際に買ってくれそうか検証することができます」

山田「確かに、値段が付いていたら、それがお金を払うのに見合うかどうかのフィードバックを得られますね」

田所「次が、**実際の体験に基づくフィードバックが得られるMVP**です。**コンシェルジュMVP**とも呼ばれます。まさにホテルのコンシェルジュのようなサービスを提供する人が裏側にいて、役務提供をする感じです。こちらの2つがあります。

コンシェルジュMVP

④人力によるサービス提供
⑤人力と既存サービスを組み合わせてサービス提供（Facebook、LINE、Instagramなど）

山田「これはどういうことですか？」

田所「後ほど、いくつか事例を紹介しますが、最初からプロダクトを作り込むことなく、ユーザーに対しては、人力でフォローして価値提供をするモデルです」

山田「なるほど、こんなケースもあるんですね」

田所「次の2つが、**多少作り込んだMVP**になっています。**得られるフィードバックが異なります**」

プロダクトの見た目（UI）に関するフィードバックが得られるMVP

⑥プロトタイプの作成（ウェブサイトであればトップページのみ、アプリであれば見た目だけを作る）

プロダクトのユーザー体験（UX）に関するフィードバックが得られるMVP

⑦プロトタイプの作成（ノーコードなどを活用して、実際に動かせるものをコストと時間をかけずに作る）

山田「ノーコードって何ですか？」

田所「ノーコードとは、ウェブサービスやアプリ開発に必須だったプログラミング言語によるソースコードを、パーツとしてビジュアル化しているものです。欲しいパーツを置きたい箇所に配置していくことで、アプリなどを開発することができるサービスのことです。

ソースコードを記述する必要ないため、『誰でも簡単にウェブサービス開発ができる』として注目を集めています。Bubble（バブル）、Adalo（アダロ）、Yappli（ヤプリ）などが有名です」

山田「はい、さっそく調べて試してみます」

田所「そして、最後。**最も作り込んだMVP**です」

最も作り込んだMVP

⑧エンジニアが実装する開発本番用プロダクトに近いMVP

山田「なるほど。私はいきなり8つめのMVP、つまり、エンジニアによって開発されたプロダクトを作ろうとしていたということですね」

田所「そうです。漁師がスマホを使うかどうかなんて、MVPを作らなくてもわかりますし、『漁船のシェアリング』というコンセプトが漁師に刺さるかどうかは、①の『事業コンセプトを一枚の紙で表現したパンフレット』で確認することができますよね」

山田「ただ、巷《ちまた》のマッチングサービスを調べてみると、アプリが必須のようでしたので」

田所「よく考えてみてください。検索して出てくるサービスは既に成功していて有名なサービスばかりですよね。有名なサービスの今の状態はあまり参考になりません」

山田「AirbnbやUberなどを見ていました……」

田所「Airbnbなどは、今はとても綺麗なウェブサイトができあがっています。ところが、こちら（図表16）をご覧ください。2008年の創業当時はこんな感じで事業をスタートしています」

山田「え――っ!!　これだけですか？」

田所「『私の家に泊まりませんか？』というコンセプトを示した、たった1ページのウェブサイトだけです。他人の家に泊まるというアイデアが本当に顧客に喜ばれるかを検証するには、この1ページで十分だったわけです。先ほどの説明で言うと①のMVP『事業コンセプトを説明したランディングペー

図表16 創業当時のAirbnbのウェブサイト

出典：https://medium.com/@adambreckler/its-like-craigslist-but-better-76d6de78afa0

ジ』ですね」

山田「まさにMVPですね」

田所「あと、クラウドワークスってご存知ですか?」

山田「もちろん、知ってますよ。CtoCマッチングのスキルシェアサービスですよね。動画広告などでよく見かけます」

田所「クラウドワークスも最初からシステムを作って集客したわけではないんですよ」

山田「そ、そうなんですか……今じゃ想像もつかない……」

田所「まず、優秀なエンジニアを集めるために、ハッカソンという優秀なエンジニアが集まるイベントに参加して、ピザを差し入れ、『クラウドワークスに登録してください』と呼びかけたんです。そして、集まった優秀なエンジニアのリストを持って、企業へ営業して買い手を集めたんです。当時のビジネスモデルを図にすると、この図(図表17)のようになります」

図表17 創業当時のクラウドワークスのビジネスモデル

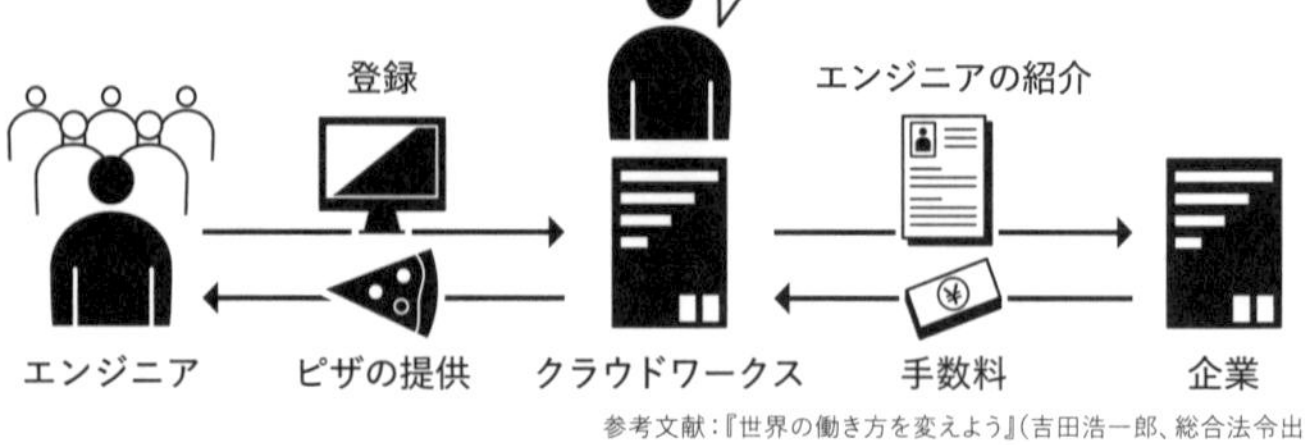

参考文献:『世界の働き方を変えよう』(吉田浩一郎、総合法令出版)

山田「そんな泥臭いことをしてたんですね」

田所「**今は上場して大きくなっている企業でも、最初は想像もつかないほど小さく始めて、仮説検証を繰り返すことからスタートしているケースが多い**です。そして、システムを実装する前に、泥臭く現場に行き、顧客と対話しながら、どういうニーズがあるのかを検証していったのです。4つめのMVP『人力によるサービス提供』ですね」

山田「なるほど」

ユーザーをしっかり観察せよ

山田「MVPの重要性は理解できたのですが、もう既に作ってしまっている場合はどうすればよいのでしょうか」

田所「そうですね、既に作ってしまった分はしょうがないので、今のプロダクト（現状版）を持って、新しい漁師さんにインタビューしてみましょう。次回は『行動』を尋ねてください。

新規事業でハマりやすいワナ ㉚

泥臭さを軽視する

新規事業の初期段階では、顧客のもとに行き、対話をしながら泥臭く価値検証や価値提供をしていくことが非常に重要になる。「計画や戦略を立てた後の、現場での実行は営業担当など他の人に任す」という従来型の進め方が染み付いているケースがあるが、これでは、スピード、実行力、インサイト獲得による学習力が低下してしまうことに留意しなくてはならない。

あと、ユーザー観察も行ってみると良いですよ」

山田「ユーザー観察？」

田所「**ユーザー観察とは、実際に現場に行き、行動を観察してみて、ありのままを記録すること**です。インタビューではわからない、普段ユーザーが意識していないことがわかったりします」

山田「なるほど……なんとなくイメージできるのですが、あまり具体的にイメージが湧きません」

田所「山田さん、普段、本ってどうやって読まれますか？」

山田「本ですか？　最近、Kindle（キンドル）ばかりですね。Kindle以外で読むことはないです」

田所「ここに来る途中のベンチで、山田さんが紙の本を読んでいるのを見かけたことがあります」

山田「そういえば、そうですね。カバンにはKindleと数冊の本が入っています。言われてみて気づいたのですが、精読したいと思った本は紙で買うことが多い気がします」

田所「なるほど。自分自身はKindleだけを読んでいたと思っていたが、実際の行動は少し違ったということですね」

山田「確かに」

田所「実際に、ユーザーを観察することで、ユーザー自身も気にかけていないような無意識の行動を目にすることができます。これを**『ジョブシャドウイング』**と言ったりします」

山田「ジョブシャドウイング。以前にも出てきた言葉ですね」

田所「はい。**調査者がユーザーの特定の活動――例えば、既存のサービスを利用する時の様子――を観察して、ユーザーの行動と経験を記録する方法のこと**です。これを行うと、すぐに横で観察しているので、ユーザーが何らかの問題や課題に直面した時に、それまでは認識（言語化）できていなかった問題を捉えられる可能性があります」

山田「まさに仮説課題の検証に使えますね」

田所「はい。ジョブシャドウイングの際に、いくつか使える質問があるので紹介します」

ジョブシャドウイングの際の質問例

- その作業をしている時に、時間を取られている特定の作業はあるか？
- 同じことを繰り返していないか？
- 問題や面倒な事態を避けようとして、最適でない策を取ってしまっていないか？

・何かに対してうんざりしたり、フラストレーションがたまったりしていないか？
・それほど重要ではないのに、作業者が覚えなければならない手順や、身につけなくてはならないスキルはないか？　コンピューターが代替できるものはないか？
・紙のリスト、Excel、メモなど、別の道具を一緒に使っていないか？

山田「なるほど。これは有効な方法ですね」
田所「そうですね。顧客が思っていることと、実際に行動していることが矛盾しているケースは珍しくありません。これは別に嘘をついているのではなく、顧客自身も気づいていないケースが多いんですよ」
山田「とてもよく理解できました。顧客インタビューに加え、ユーザー観察もしてきます！」

・・・・・

さっそくアポイントメントを取った山田は、翌日、インタビューのために漁師の杉浦さんを訪問した。

今回はインタビューに加えて杉浦さんの観察（ジョブシャドウイング）を行うのが目的だ。

「漁師向けの新製品」に興味を示す杉浦さんに、山田はアプリを見せながら説明を始めた。

・・・・・

山田「初めまして、よろしくお願いします！」

杉浦「漁師向けの新製品とやらは、どれだ？」

山田「こちらです！」

杉浦「収入が増えるなら最高だな。すごい便利そうだな」

山田「杉浦さんは、スマホは普段お使いになられますか？」

杉浦「もちろん！　孫と連絡を取る時には必須だからね」

山田「そうですよね、ありがとうございます！　あ、えっと、事前にご連絡させていただいておりましたが、少しの間ご自宅にお邪魔させていただいてもよろしいでしょうか？　漁師さんの日常を観察させていただきたいのですが」

杉浦「もちろん、ええよ。女房にはもう説明してあるからね」

山田「ありがとうございます！」

・・・・・

新規事業でハマりやすいワナ ㉛

現場から得られる一次情報を重視しない

インターネットで情報を集めるデスクトップリサーチや、アンケートなどからも多少得られるものはあるが、本当のインサイトは顧客が実際に行動している現場にある。初期段階では、現場に行ったり、現場を再現したりして得られる「観察・対話による一次情報」が非常に大事になる。

杉浦さんに連れられて杉浦邸を訪問した山田は、杉浦の妻・京子に迎えられた。

・・・・・

京子「よく来てくれたね」
山田「こんにちは。家族水入らずの時間にお邪魔してすいません」
杉浦「水産業組合からファックス来てなかった?」
京子「さっき来てたから、机の上に置いたよ。あと、良ちゃん(孫)がおじいちゃんの携帯に電話しても出ないって、私に連絡が来たよ」
杉浦「良ちゃんから? そうかそうか! 携帯? どこに置いてあったかな?」
京子「おじいちゃんはLINEしても返ってこないって悲しんでたよ。早く連絡してあげたら?」
杉浦「LINE? よくわからん。家の電話からかけるから、電話番号を教えてくれ。あと、誕生日におもちゃを買ってあげようと思うから、このおもちゃ屋のチラシをファックスで送ってあげよう」
京子「良ちゃんの番号は手帳に書いてあったでしょ? あと、チラシなんて送らなくてもネットで調べられますよ」

杉浦「そうだった、そうだった。チラシをとにかく送ってあげてくれ」

山田〈スマホを使っているとおっしゃっていたけど、実のところはあまり活用できていないみたいだ〉

京子「いつもこうなのよ。山田さん、お茶でよろしい？」

山田「は、はい！　ありがとうございます！」

・・・・・

杉浦邸を後にした山田は続いて、杉浦さんに紹介してもらった同じく漁師の松田さんの家を訪問した。

・・・・・

山田「初めまして、本日はよろしくお願いします」

松田「よろしく、よろしく」

山田「松田さんは普段誰かと連絡を取る時は、何を使われていますか？」

松田「そんなこと意識したことないけど、ここ30年ずっと、電話だな。ここ10年は、ファックスっていう便利なものがあるんで、発注書はファックスを使っている」

山田「ファックスと電話ですか……。なるほど、不便に感じたこととかはないですか?」
松田「電話だと忘れちゃうんで、ファックスがとても便利だわ。ファックスだと競馬新聞と同じで、そのまま赤鉛筆で書き込んで、大事なことを忘れずに済むしな」
山田「な、なるほど」

・・・・・

その翌日、翌々日も、アポイントメントを取って、山田は合計7名の漁師と会い、インタビューと観察を行った。でも、そのうち誰ひとりとして、業務にスマホを使っているユーザーはいなかった。

プロダクト開発が中断できない理由

インタビュー結果を報告するため、山田は田所のオフィスを訪れた。

・・・・・

山田「ユーザーインタビューとユーザー観察の結果、我々のターゲットユーザーでスマホを使っている方は一人もいませんでした。もう絶望的です……」

田所「こういうことが、顧客と対話せずに作りたいものを作ることに執着すると起きてしまいます。ユーザーインタビューやユーザー観察をすればわかることを、わざわざ1000万円かけて検証するほど、費用対効果の低い検証方法はありませんよ」

山田「これからどうすればよいのでしょうか。もう同期を巻き込んでしまったし、社内承認を取って既にお金も払ってしまったので、なんとかこのアプリを使ってくれる漁師さんを探したいのですが……」

田所「これでわかったんじゃないでしょうか？　多くの企業で新規事業がうまくいかない理由が」

山田「え？」

田所「他部署にお願いしたり、まとまったコストをかけてプロダクトを作ってしまうと、今の山田さんのように引くに引けなくなるんですよ。これがまさに『**サンクコスト効果**』です」

山田「サンクコスト!?」

田所「先日お話ししたように、サンクコストとは、どうがんばっても回収できない費用のことです。合理的に考えると、すぐに事業から撤退するべきだと考えることができます。ところが、既にコストを投下しているため、人はそれを完全に無駄にする行為＝撤退という判断ができない、ということです。人間は、損切りしたくないのです。

新規事業でハマりやすいワナ ㉜

「サンクコスト」に囚われる

「サンクコスト」（上記参照）に囚《とら》われてしまうことが、新規事業が失敗する大きな要因の一つである。

既存事業では、ある程度の「費用対効果」が見えている場合が多く、「これぐらいのコストをかけたら、これくらい回収できる、これくらいリターンがある」という蓋然《がいぜん》性が高い場合が多い。

ところが、**新規事業の初期段階において、この「効果があることを前提として費用をかける発想」は非常にリスクになる**。なぜなら、実際に目に見える効果が出るどうかは、この段階では非常に不確定だからだ。費用をできるだけかけずに「仮説構築」と「仮説検証」を行い、事業を前に進めていけるかがキーになる。

例えば、株式投資やＦＸで損失が膨らんでいくのが明らかな場合であっても、なかなか損切りできず、口座残高がゼロになるまで指をくわえて見ている状況と同じです。人間は、利益を得る嬉しさよりも、同じ金額を損失するガッカリのほうが大きいのです。そのような人間の傾向を、行動経済学の**『プロスペクト理論』**が解明しています」

山田「なるほど。どんな形であれ事業を続けていれば、損失を確定せずに済むということですか」

田所「はい。なので、必死になって顧客が求めていないものを、例えば、自社のネットワークを使ってなんとか売ろうとするんですが、結局、売れずにそのプロジェクトは失敗してしまうんです」

山田「引くに引けない……まさに今の私ですね」

田所「なので、ここは損失をこれ以上大きくしないためにも、開発を中止するのが賢明かと思います。まぁ、考え方によっては、２００万円で済んで良かったですよ。ただ、上司の佐藤さんは、予算を通してくれた社長に対する立場があり、山田さん以上に引くに引けない状態だと思いますが」

山田「確かに、そうです。今から佐藤部長に、この件を報告することを考えると胃が痛くなります。こんなことだったら、最初からアプリなんか作らずに、ユーザーときちんと向き合っておけばよかった」

時期尚早の拡大による失敗

翌日、山田は佐藤部長にアポを取った。

・・・・・

山田「佐藤部長、今日はご相談があります」

佐藤「なんだ？　そういえば、アプリの追加機能の報告は明後日だったよな？　魚械と相談してまとめておいてくれよ」

山田「えっと、その件なんですが、改めて、漁師にインタビューに行ったところ、スマホを使っている漁師はほとんどいませんでした……」

佐藤「え、どういうことだ？　説明しろ」

山田「はい、アプリ開発は無駄だったということです。既に開発に200万円を払ってしまっているのですが、この費用は取り返すことができません。ただ、ここで開発を中止すれば、残りの800万円を無駄にせずに済むかと思います」

佐藤「何⁉　そんなこと無理に決まってるだろ！　もう鮪谷社長の承認を得たプロジェクトなんだぞ。俺の顔に泥を塗る気か！　途中でやめるなんていったらすべてがパーになってしまう。なんとしても売るんだよ。わが社の営業を使ってな！」

山田〈まさにサンクコスト効果だ……。いずれ回収できるというのは幻想で、いつかは損失を確定しなければいけないタイミングを先送りにしているだけでしかないのに……〉

山田「ただ、１０００万円以上を投じ、営業リソースを活用した結果、本件が失敗に終わった場合、さらに会社の損失は膨れ上がってしまいます」

佐藤「会社全体の話は、私には関係ないんだ。新規事業部の責任者として、自ら社長へ起案したプロジェクトをこんな中途半端な形で終わらせることはできない」

新規事業でハマりやすいワナ ㉝

時期尚早の拡大

Startup Genomeの調査（146ページ参照）によると、スタートアップがうまくいかない理由の74％が「時期尚早の拡大」であるという。顧客の課題の検証が十分に行われる前にプロダクトを作り込んでしまったり、プロダクトがもたらす価値の検証が十分に行われる前にマーケティングに予算を投じてしまったりするケースがよく見られる。

大事なことは、「顧客課題をしっかり検証すること」、その上で「その課題を解決するための独自の価値提案を考え抜くこと」である。そのステップをスキップして、いきなりアプリやプロダクトを作ってしまうと、まさに本書のフィッシュマンのような事態に陥ってしまうのだ。

山田「部長、少し説明が不足していました。決して本件を終わらせるわけではございません。ちゃんと漁師にシェアリングというコンセプトが受け入れられるのかを確認し、可能な限りコストをかけない形で仮説検証を行っていきたいんです。なので、本件を終わらせるわけではなく、一旦アプリ開発は保留にしていただきたいということです」

佐藤「本件を終わらせるってことではないんだな？」

山田「はい。私からも、ベンダーや開発に協力してくれた魚械さんなどの各関係者に説明をしていきたいと思います。ただ、社長への報告は、佐藤部長にお願いできないでしょうか？」

佐藤「何て言えばいいんだよ？　フィッシュマン初のデジタル新規事業と社長も肩入れしてくださっているんだぞ。社長も、他の役員の反対を押し切って、本件を通してくれたみたいだし」

山田「申し訳ありません。ただ、損失を最小限に止めるためにも、今動く必要があります」

佐藤「わかった。社長には、俺が報告する。ただ、各関係者へはお前が報告してくれ。それに加えて、すぐにリカバリープランを考えておいてくれ」

山田「承知しました！　大変申し訳ありませんでした。よろしくお願いします」

佐藤は、フィッシュマン社長・鮪谷の秘書に連絡し、社長とのアポイントメントを取った。

・・・・・

・・・・・

佐藤「しゃ、社長、今日もお時間をいただきまして、ありがとうございます」

鮪谷「佐藤くんか。どうだ、先日報告してもらったプロジェクトは？　順調にいっているか？あのプロジェクトには期待しているよ。5年後には売上100億を目指せると思ったからね」

佐藤「大変、申し上げにくいのですが、一旦、プロダクトの開発を止めたいと考えています。あの業者への依頼も、一旦白紙に戻したいと思います」

鮪谷「何?!　既に、予算を稟議で通しているぞ。白紙に戻すと言っても、うちの都合なんで、先方に支払った金額は返ってこないぞ。マンボウ社の社長とは学生時代からの友達で、この前も、大学の会食で、うちとのプロジェクトをよろしくと言われたぞ。私の面目を潰す気か？」

佐藤「大変申し訳ありません。きちんと課題を検証する前に、プロダクトを作ってしまった、私たちの責任です。ただし、このまま進めてしまうと、数千万費やしたけれど、誰も欲しがらないものができてしまうリスクが高まってしまいます。一旦、現時点で、プロダクト開発を止めれば、損失を最小に食い止めることができます」

鮪谷「なるほど、それは何かの根拠をもって言っているのか？」

佐藤「新規事業やスタートアップの失敗の74％は、時期尚早の拡大が原因ということです。ユーザーのニーズを確認する前に、先走ってプロダクトを作ってしまった。それが、『時期尚早の拡

新規事業でハマりやすいワナ ㉞

カルチャーフィットしないメンバーの参画

「新規事業でハマりやすいワナ㉕」でも解説したが、メンバーを募る時の軸として、「スキルフィット」と「カルチャーフィット」がある。136ページの魚械は典型的な「スキルフィットはバッチリ、カルチャーフィットはダメ」といった感じだろう。

新規事業立ち上げにおいては、当然、プロダクトを磨き上げていくプロセスが最も重要になる。一方で、**忘れてはいけないことは、「チームの組成」**である。少しの挫折や、ピボット（196ページ参照）などのイベントがあった時に、すぐにチームを離れたり、コミットメント（参画の意思）が弱まったりするメンバーは、そもそも「カルチャーフィット」していない。そういうメンバーは、早いタイミングでプロジェクトから抜けてもらったほうが、お互いにとって良い。

一番ダメなのが、「カルチャーフィット」していないのに、「スキルがあるから」「実績があるから」という理由だけで、メンバーを残留させることだ。**こういうメンバーを放置していると、土台と魂のない「ゾンビプロジェクト」になるリスクがある。**

大』です。典型的な、まさに我々が陥っている状況です」

鮪谷「時期尚早の拡大。なるほど、今のところ損失は200万程度なんだな」

佐藤「はい、こちらはもう返ってこない損失です。ですが、本件担当の山田に、来週までにきちんとリカバリープランを提出することと、各関係者への説明を行うことを指示しています。我々は、決して諦めません。今回の失敗を糧にして、次のプランで必ず取り返します」

鮪谷「わかった。では、手を打とう。ただし、今回は特別だぞ。次に私の顔に泥を塗るようなことがあれば、それなりの対応をするので、留意しておくように」

佐藤「ありがとうございます！」

・・・・・

鮪谷の承認を得た翌日、山田は、アプリ開発を一旦中止する旨を伝えるために魚械と会うことにした。

・・・・・

魚械「おう、山田！　アプリに追加したい機能は決まったか？」

山田「その件なんだけど、開発は一旦中止することになって」

魚槭「え？　なんで？　せっかくここまで作ったのにやめるのかよ」

山田「漁師さんはスマホを使わないことがわかってさ。ごめんな、協力してくれたのに。まずは、いきなりシステムを作らず、ノーコードを使って小さく仮説検証をやることにしたよ」

魚槭「ノーコード？　システムを作らないのか？　じゃあ、俺はやめさせてもらうよ」

山田「わ、わかったよ。ここまでがんばってくれてありがとう」

第4章

山田さん、「仮説検証」の方法を学ぶ

事業コンセプトを伝え、反応を探る

アプリ開発を一旦中止した件で、社内外を駆けずり回った山田だったが、なんとか落ち着きを取り戻し、再び田所に会いに行った。

・・・・・

山田「大変でしたが、なんとか社内を説得できました……」

田所「それはお疲れ様でした」

山田「『サンクコスト効果』ってすごいですね。特に、うちみたいな旧来型のメーカーは『失敗を減らすこと』『歩留まりを良くすること』がメンバーの行動様式として染み付いていて、損失を確定させることに強い嫌悪感を持っていると、改めて気づかされました」

田所「**旧来型のメーカーや、品質などで勝負している企業などは、『失敗を極力減らす』ために組織体制や組織制度が最適化されている場合が多い**のです。フィッシュマンもまさにその典型的な感じですね」

山田「はい。表向きには、社長も『失敗しろ』『チャレンジしろ』と言っていますが、今回の件でよくわかったのが、『失敗してもいいが、損失は出すな』『失敗してもいいが、会社の面目を潰すな』が本音ということでした。ただ、失敗しても『損失を全く出さないこと』や、失敗しても『誰の面目も潰さないこと』は、不可能ですね」

田所「実は今、山田さんがおっしゃった点が、新規事業推進の最も大きな足かせになっているのです」

山田「それは身をもって感じました。『新規事業を始めて推進するエネルギー』よりも、『計画通りにいかず、つまずいた時に、そのリカバリーにかけるエネルギー』のほうが遥かに大きかったです。

次は何をすればよいのでしょうか？　プロダクトがない今、漁船のシェアリングというアイデアが漁師さんに受け入れてもらえるかを確かめることすらできなくなってしまいました」

田所「それは大きな勘違いです。プロダクトなんかなくても顧客に漁船のシェアリングの価値は検証できるはずです。凝ったデザインのＧＰＳ機能付きのアプリなんか、この段階では不要です。前回お話ししたＭＶＰの種類を思い出してください。

ＭＶＰの種類

●顧客フィードバック用ＭＶＰ（別名ＭＳＰとも呼ばれる）

①事業コンセプトを説明した営業資料、スライド、パンフレット、ランディングページ

②事業コンセプトを伝えるイメージデザイン、動画

③事業コンセプトを伝える広告バナー（Google、Facebookに出稿して反応を見る）

●コンシェルジュＭＶＰ

④人力によるサービス提供

⑤人力と既存サービスを組み合わせてサービス提供（Facebook、LINE、Instagramなど）

●多少作り込んだＭＶＰ

⑥プロトタイプの作成（ウェブサイトであればトップページのみ、アプリであれば見た目だけを作る）……プロダクトの見た目（ＵＩ）に関するフィードバックが得られる

MVP

⑦プロトタイプの作成（ノーコードなどを活用して、実際に動かせるものをコストと時間をかけずに作る）……プロダクトのユーザー体験（UX）に関するフィードバックが得られるMVP

●最も作り込んだMVP

⑧エンジニアが実装する開発本番用プロダクトに近いMVP

一枚の紙でMVPを作れ

山田「MVPの種類があったことをすっかり忘れていました……。今は漁船のシェアリングという事業コンセプトに対するフィードバックを得たいので、例えば、MVPとしては、パンフレットなどを作成するのは有効でしょうか？」

田所「はい、良いと思います。現段階で作り込んだMVPを作ることはおすすめできません。**簡単なMVP――いわば、プロトタイプ（試作品）を作って、『Problem Solution Fit**

（ＰＳＦ）』できているかどうかを検証する必要があります。つまり、自分たちのソリューションで解決すべきと想定した課題を本当に解決できるのか、を確認するのです」

山田「でも、なんだが紙一枚のパンフレットだけだと心許ない気もしますが」

田所「②の事業コンセプトを伝えるイメージデザインを入れて、視覚的にもわかりやすく書くのはどうでしょうか。イメージや動画などは、ユーザーのニーズを確認したりするのに有効な手段です。動画などでは、そのプロダクト利用前と利用後でユーザーがどう変わったのか、どういう価値を提供したのか、を提示することもできます」

山田「なるほど！　じゃあ、社外のデザイン会社に頼んでみます！」

田所「ちょっと待ってください。**社外に頼んでしまうと、検証スピードが落ちてしまいますし、このフェーズでそんなところにコストをかけるべきではありません。**ＭＶＰであることを忘れないでください」

山田「なるほど。動画を作るスキルはないので、プロダクトイメージをPowerPoint（パワポ）などで作成するようにします。デザインもあまり自信がないのですが、社内のデザイナーに確認してもらいながら、少しブラッシュアップしたいと思います。ただ、まだプロダクトがないまま紙だけ持ってヒアリングに行くというのがしっくりきません」

田所「**今意識すべきことは、作りすぎないこと**です。このことは、アプリ制作の件で学んだと思います。今、検証すべきことは何か、検証するために適切なMVPは何かを問い続けるようにしてください」

山田「はい。わかりました。作りすぎることは良くないと頭ではわかっているんですが、なんというか、プロダクトを作ると新規事業が進んでいる感も出ますし、何より楽しいんですよね……部長も評価してくれるし」

田所「進んでいる感は確かに大事ですが、それで多くの人がその落とし穴にハマってしまうのです。**顧客課題を検証せずに、プロダクト機能を充実させたりする。これが、新規事業が失敗してしまう『時期尚早の拡大』を呼び寄せてしまう**のです」

山田「そうでした。あんなことは二度と経験したくありません」

田所「こちらの図（図表18）を覚えていますか？　初期のスタートアップにおいて大事なことは、顧客との対話

新規事業でハマりやすいワナ ㉟

最初から社外の専門家に頼る

プロジェクトがある程度進んで、プロダクト・マーケット・フィット（PMF）が見えてきたら、マーケティングやデザインなどといった専門知識を要することについては、社外の専門家を使うことが有効かもしれない。ただ、初期の検証段階において、外部に頼ったり丸投げしたりするのは、逆に検証スピードが遅くなってしまうので避けるべきだ。

新規事業担当者が、すべてのスキルを高いレベルで身につける必要はないが、**「顧客インタビュー」や「プロトタイプ（MVP）」（177ページ参照）を作るスキルは必ず身につけておきたい。**

を通じた、仮説構築と仮説検証です。プロダクトやプロトタイプを作る前にやるべきことがある、ということです」

山田「わかりました。では、漁船のシェアリングというコンセプトを紙一枚にまとめて漁師さんにヒアリングをすればよいということですよね？」

田所「はい。それで少なくともシェアリングビジネスというコンセプトが漁師に刺さるか否かはわかります」

山田「パンフレットを作る際のコツってありますか？」

田所「そうですね。**大事なことは、まず顧客課題を明確にして、それに対して、刺さる独自の価値提案を考えてみるこ**

図表18 事業アイデアの前提条件の検証②

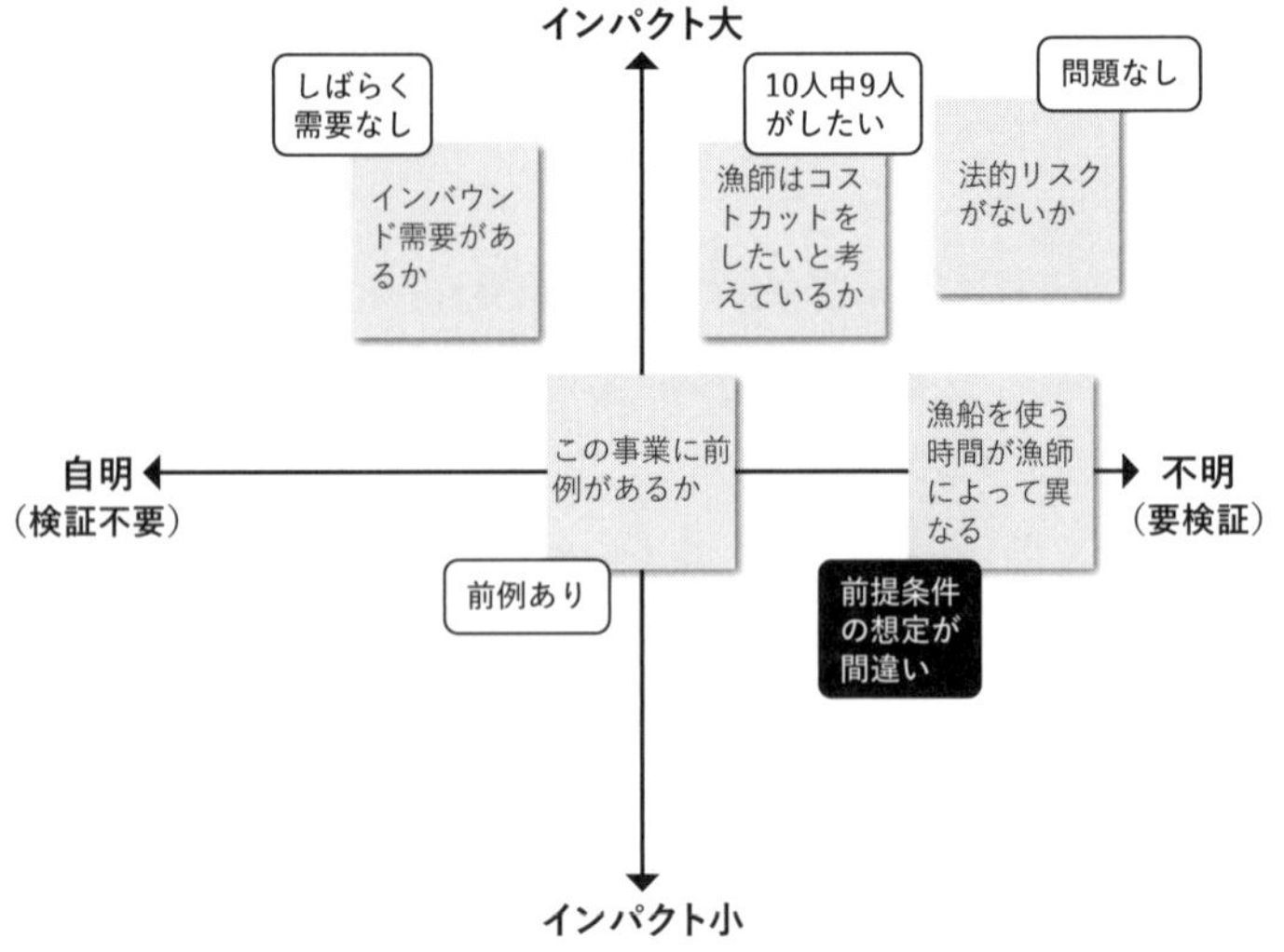

とです。その独自の価値提案が『ターゲット顧客にわかる言葉で表現されていること』がポイントです」

山田「なるほど、顧客課題としては、現状の漁船にかかる固定費が非常に高く、それが収益の圧迫になっているということです。その課題に対して、『船を、お金を稼いでくれる収益源にすることによって、収入を増やすことができる』というのが独自の価値提案ですね」

田所「はい。パンフレットを作ってみて、漁師さんのヒアリングに行きましょう」

初めてのポジティブなフィードバック

その後、山田はコンセプトを伝える一枚のチラシ（図表19）を作成し、漁師20名にインタビューを実施したところ、漁師から口々にポジティブな反応が出た！

「へえー、これはいいね。確かに言われてみたら、いつもどんぶり勘定で、気にしていなかったけど、固定費って、結構かかっているね。それに、漁船をシェアすることによって、負担が減るのはありがたいよ」（漁師C）

インタビューの結果を踏まえて、山田は再び田所を訪れた。

・・・・・

山田「とても良い反応でした！　20人ほどにインタビューしたのですが、そのうち17人がぜひこのサービスを使いたいとの回答でした」

田所「20人中17人、それは良い反応でしたね！　バイアスがかからないよう、インタビューの進め方に注意を払いましたか？」

山田「はい。まず100人ほどのインタビューターゲットのリストがあったのですが、そのうち、教えていただいたように『アーリーアダプターとしての

図表19　事業コンセプトを伝えるMVP

漁船シェアリングサービス
価値❶
新たな収益源を増やすことができます！
価値❷
どんな漁船でも大丈夫！
価値❸
簡単に出品できます！
★手順はカンタン！3ステップ★
〈Step1〉
漁船の登録/掲載
〈Step2〉
借り手が漁船を選ぶ
〈Step3〉
借り手に貸す

要件』を満たす人を絞り込みました。絞り込んだ20人に対してインタビューを行う時は、ご指摘いただいたように、『このプロダクト使いたくないですか？』と口にするような誘導質問にならないようにしました」

田所「それはいい心がけです。これで理解していただけたかと思いますが、最初からアプリなんて必要ないんですよ」

山田「よくわかりました。まさか紙一枚で顧客のニーズを検証できるなんて思いませんでした」

田所「次は、何を調べるために、どんなMVPを選べばよいでしょうか？」

山田「そうですね……もう一度MVPの種類を見てみます」

「コンシェルジュMVP」を実装せよ

山田「MVP。うーん。そうですね。まだ実際に漁船のシェアリングを体験してもらったわけではないので、その体験を顧客にしてもらった上でフィードバックを得ることが次の目的になると思います。コンシェルジュMVPが有効かもしれません」

田所「そうですね。既存のサービスを用いて人力で漁船のシェアリングを行うことができるか、すなわち、漁船を貸したい人と借りたい人のマッチングができるかを検証してみましょう」

山田「既存のサービス？」

田所「この場合は、漁師さんとの連絡には電話とファックスを用い、漁船の空き状況やレンタルニーズの管理はExcelなどで行うという具合です。ＭＶＰの種類で言うと、５つめの『人力と既存サービスを組み合わせてサービス提供するＭＶＰ』ですね」

山田「なるほど！　では、さっそくやってみます！」

・・・・・

山田はさっそく漁師に電話をかけ、漁船を貸したい漁師にはこの先1週間の漁船の空き状況、漁船を借りたい漁師には借りたい日程を記入したスケジュール表を送ってもらい、山田がそれを見てExcelで管理するというなんともアナログな方法で、検証を開始した。

山田は、足繁く漁場に通って漁師50人ほどの連絡先を入手した上で、毎朝50人に電話をして、現在の状況や、漁船をいつ使いたいかを確認してみた。非常にアナログで骨が折れる作業だったが、前に進んでいる感じがあった。

しかし、コンシェルジュMVPの検証を始めて2週間ほどで、予想もしなかった状態に陥る。貸したい人も借りたい人も、船を使う時間がすべて午前6時から午前10時の早朝に集中していた。つまり、マッチングビジネスで最も重要な、過剰な在庫を持つ貸し手（船を貸したい人）と、需要がある借り手（船を借りたい人）がマッチングしなかったのだ。想定していた前提条件が、実際のところ違っていたのだ。

漁港の場所を変え、さらに50人ほどからスケジュールを集めてマッチングを試みたものの、結果、一件もマッチングしなかった。漁師同士のマッチングは厳しい。そう判断せざるを得なかった。

コンシェルジュMVPによる検証を終えた山田は、佐藤部長に現状報告を行った。

新規事業でハマりやすいワナ ㊱

マッチングビジネスを甘く見る

マッチングビジネスは、供給者サイドと需要サイドの両方の欲求を満たす必要があり、いわゆる「ニワトリが先か卵が先か」のジレンマを抱えている。そのため、「２つの会社を同時に起業するようなもの」と言われるくらい、非常に難易度が高い。

このジレンマを解消するには、「市場セグメント」（38ページ参照）を絞ってマッチングする確率を高めたり、最初は自ら供給者側になり、需要側を集めてきて売り出してみたりする戦略が有効だ。101ページで紹介しているAirbnb（エアビーアンドビー）も、このジレンマを解消するべく、最初は創業者自らがアパートの一室を貸し出し、「どうすればユーザーが満足するか」を検証し、インサイトを得ていった。

・・・・・

山田「部長、漁船のマッチングビジネスなんですが、1ヶ月ほど、100人の漁師を対象に、検証してみました。システム化せずに、電話とファックスとExcelでやってみたんですが、残念ながら、一件もマッチングしませんでした。漁船のマッチングビジネスはダメかもしれません」

佐藤「じゃあ、どうするんだ？　鮪谷社長へはどう説明するんだ？　既にアプリの開発もしてしまったというのに。新たな案を考えろ。ダメでしたという報告だけで良いと思ってるのか？」

山田「はい、承知しました。少し時間をください」

佐藤「漁師向けのビジネスなんかではなく、もっと最新のテクノロジーを使ったビジネスを考えてくれ。社内がわっと驚くような新しいアイデアを」

新規事業でハマりやすいワナ ㊲

新規事業とは新しいテクノロジーを使うことと捉える

新規事業を考案する時は、必ず新しいテクノロジーを駆使しなければならないと捉えてしまい、結果として、顧客課題の解決よりも、先進的なテクノロジーを使うことが目的化してしまうケースが多い。課題検証ができた後、先進的なテクノロジーがその課題の抜本的な解決に役立つことが判明してから、採用すべきである。

「課題発見→独自の価値の提案・提供→各種テクノロジーの採用」という順番を意識することが大事である。

山田「承知しました」

「やり抜く力」を持っているか？

その夜、山田は家に帰り、改めて、何か新しい切り口がないか、インターネットでリサーチを始めた。

「まさかマッチングしないとは思ってもみなかった……。新しい案と言われても、どうすればいいのか？」

新しい新規事業アイデアについて色々調べてはみるものの、心の中がモヤモヤして思うように進まなかった。

「雨の日も風の日も漁港に向かい、漁師さんにインタビューし、社内では部長に怒鳴られながら、必死にもがきながら進めてきたけど、なんでこんなにがんばれたのだろうか？　なぜここまで漁師向けの新規事業にこだわってきたのだろうか？」

山田は、1ヶ月前に、インタビューで訪問した漁師の浅井さんと食事をしたことを思い出していた。

・・・・・

山田「お時間いただきまして、ありがとうございました！」

浅井「山田くん、もう帰るのかい？」

山田「はい！　お聞きしたいことはすべて確認させていただきましたので！」

浅井「今日、漁師の集まりがあってね。山田くんも一杯どうかね。今日獲った魚が食べられるぞ」

山田「私なんかがお邪魔してよろしいんでしょうか」

浅井「もちろんだよ！　もう家族みたいなもんじゃないか」

山田「ありがとうございます！」

新規事業でハマりやすいワナ ㊳

起案者や起業家が自分の原体験や「Why」と向き合わない

起業家にとって、プロダクトの磨き込みと同じくらい大事なことが、「なぜ、他の誰でもない自分がこのプロジェクトをやる必然性があるのか」（Why me?）を言語化することだ。この「Why me?」が明確でないと、そもそも自分の実行力も上がらないし、プロジェクトを進める中で、様々なステークホルダー（一緒に働くメンバーや取引先など）を強力に巻き込むこともできない。新規事業を成功させるためには、この「Why me?」をベースにした実行力・巻き込み力を高めていく必要がある。

浅井「息子が大学に進学したいって言い出してね。なんとか行かせてあげたいんだが、なんせ俺は甲斐性がないから。今使っている漁船がボロボロでさ。買い換えないといけないんだが、お袋が体壊して入院していて、その費用がバカにならないんだわ」

・・・・・

これまでも山田は、その時に浅井さんの奥さんからかけられた言葉を何度も思い出していた。

「山田くん、我々漁師の未来があんたにかかってるんだよ。頼むよ」

この言葉を改めて思い出した山田は、自らを奮い立たせるように声を上げた。

「漁師さんのため……そうだよな。そうだ。俺がなんとかしないと。なんとかして漁師さんの生活を向上させてあげないといけないんだ！」

様々な障壁はあるものの、漁業に関わる人たちの課題解決に寄与したいという、自らの使命感を再確認し、山田は決意を新たにしたのだった。

第5章

山田さん、「初めての顧客」に出会う

顧客に仮説をぶつけて、修正を繰り返す

決意を新たにした山田は、再び田所のオフィスを訪れた。

・・・・

山田「壁にぶち当たっていますが、ここでやめるという選択肢は考えられません。僕は、漁師さんの生活を助けたい、と心の底から思っています」

田所「それをまさに『**ファウンダー・イシュー・フィット（Founder Issue Fit）**』と言います。ファウンダー（Founder）は『創設者』。つまり、**新規事業の責任者が解決すべき顧客課題（Issue）に強く共感している状態のことです。これは、新規事業にとってとても重要な要素**です。

山田さんがそのような気持ちになっていることが、この事業の最大の強みであることを認識しておいてください」

山田「そうなんですね。このプロジェクトを始めた当初は、正直に言うと今ほど熱い思いもなく、新しく任された仕事だからという気持ちでやっていましたが、漁師さんへのインタビューをしたり、一緒にお酒を飲んでたわいもない話をしていると、なんというか、自分が漁師さんを助けないといけないという使命感みたいなものが芽生えてきました。

よく考えてみると、僕は北海道の海に面した漁師町の出身で、小さい頃から、漁師の人たちに可愛がってもらった記憶があり、それをどんどん思い出してきました。彼らのことは他人事とは思えないです」

田所「新規事業を進めるにあたって、そういう共感や原体験はとても大切です。その熱い思いがあるからこそ、壁にぶつかってもそれを乗り越えることができるんです。そういえば、アプリの開発を一旦止める件は魚械さんには伝えましたか?」

山田「伝えたら、もうやめるって……。一緒にがんばっていけると信じていた仲間だったので、あっさり抜けると言われた時は、とてもショックでした」

「カルチャーフィット」を重視せよ

田所「新規事業において、チームメンバーの熱量がどこに向いているかがとても重要です。

魚械さんの場合は、顧客の課題ではなく、ソリューションへ熱量が向いていたんですよ。言ってしまえば、漁師の課題なんてどうでもよく、多機能なアプリケーションというソリューションを提供したかっただけのように思えますが、ちゃんと漁師の課題などについて説明されましたか？」

山田「そう言われてみると、ちゃんと共有できていませんでしたね。漁師の課題について説明しようとしたら、全く興味がなさそうだったので。その時は、どうしてもアプリを作らないといけなかったので、『ITスキル・知識を持った人』というだけの理由で魚械にお願いしたのですが……」

田所「そこが実は落とし穴なんです。もちろん、スキルが高いに越したことはないのですが、**新規事業開発において最も重要なのは、カルチャーフィット（Culture Fit）、つまり、顧客の課題を解決したいという思いに共感できるか**なんです」

山田「なるほど……。それは全く意識していませんでした……」

田所「何度も言っていますが、顧客の課題解決を軸にして考えていくことが重要です。顧客が欲しがる『ドリルの穴』を見つけてから「ドリル」を作ることが大事です。スキルがあっても、顧客課題への共感が低いメンバーは、『高機能なドリル』を作ることにフォーカスしてしまう。そもそも、どんな『ドリルの穴』を開けるのかに関しては、無関心である場合が多いのです。魚械さんは、まさにそんな感じですね」

山田「大変勉強になりました。ただ、顧客課題の解決に共感できる人を探すのはなかなか難しい気がします」

田所「もちろん、簡単ではありませんが、例えば、**社内公募に変えてみる**のは、どうでしょうか？　社長や部長の承認を得ないといけないとは思いますが。

以前、私が支援した新規事業の事例を紹介しましょう。それは、農家向けのロボットを作るプロジェクトでした。農業従事者の負担を減らすための収穫ロボットを作る構想があり、それを社内広報を通じて社内に認知させ、プロジェクト参加メンバーを募りました。結果、多くのメンバーが集まってきたんです。

なぜかと言うと、実は、実家が農家で、自分の親や身内が、農作業で苦労したり、高齢にもかかわらず身体的負担を強いられたりしていることに課題感を持っている人が意外と多くいたんです。結果、博士号を持つエンジニアや、経営企画部

新規事業でハマりやすいワナ ㊴

社内のリソースをフル活用しない

新規事業では、最初はヒト・モノ・カネのリソースが少ない場合が多い。そのような状況においては、社内広報活動を通じて、認知を高めた上で、メンバーを公募することが有効な手段になり得る。「自分たちが、なぜそのプロジェクトをやっているのか」「プロジェクトにどういう意味があるのか」をきちんと言語化し、魅力を明確にすることによって、社内を巻き込んでいくことが非常に大事になる。

のエースなどが参加し、プロジェクトは見事に立ち上がりました」

「良いピボット」とは何か？

山田「なるほど。そういう切り口で、人の募集も検討してみます！

あと、次の事業アイデアなのですが、また振り出しに戻って考えないといけないんですよね。せっかく苦労して見つけた漁師さんの課題だったのに……」

田所「いえ。顧客課題（漁師は事業の採算が良くなく、改善したい）はもう既に見つかっているので、この軸は変えないで良いでしょう。ソリューション仮説の修正を検討してください。このように**事業アイデアの大きな軌道修正を余儀なくされたり、全く別のアイデアに取り組んだりすることをピボット（Pivot）すると言います**」

山田「ピボット……バスケで使う用語でしたよね？」

田所「そうですね。まさにそのピボットです。軸足を固定したままくるくると方向転換することを意味する言葉です。つまり、今回の場合、顧客の課題解決という主軸は固定したまま、それをどのように解決するかというソリューションを変えていくことが、ピボットだと考えてください」

山田「とてもわかりやすいです」

田所「『リーン・スタートアップ』（日経BP）の著者のエリック・リースが、この『ピボット』という言葉を作りました。彼は、スタートアップ型事業では、仮説検証を繰り返しながら何回ピボットできるかが成功を左右すると言っています。つまり、**顧客に仮説をぶつけて修正するというサイクルを何度も何度も回すのが重要**です。

ただ、これは言うのは簡単ですが、実行するのは本当に難しいことなんです」

山田「なぜ、難しいんですか？」

田所「ピボットには、良いピボットと悪いピボットがあります。この図（図表

図表20　**良いピボットと悪いピボット**

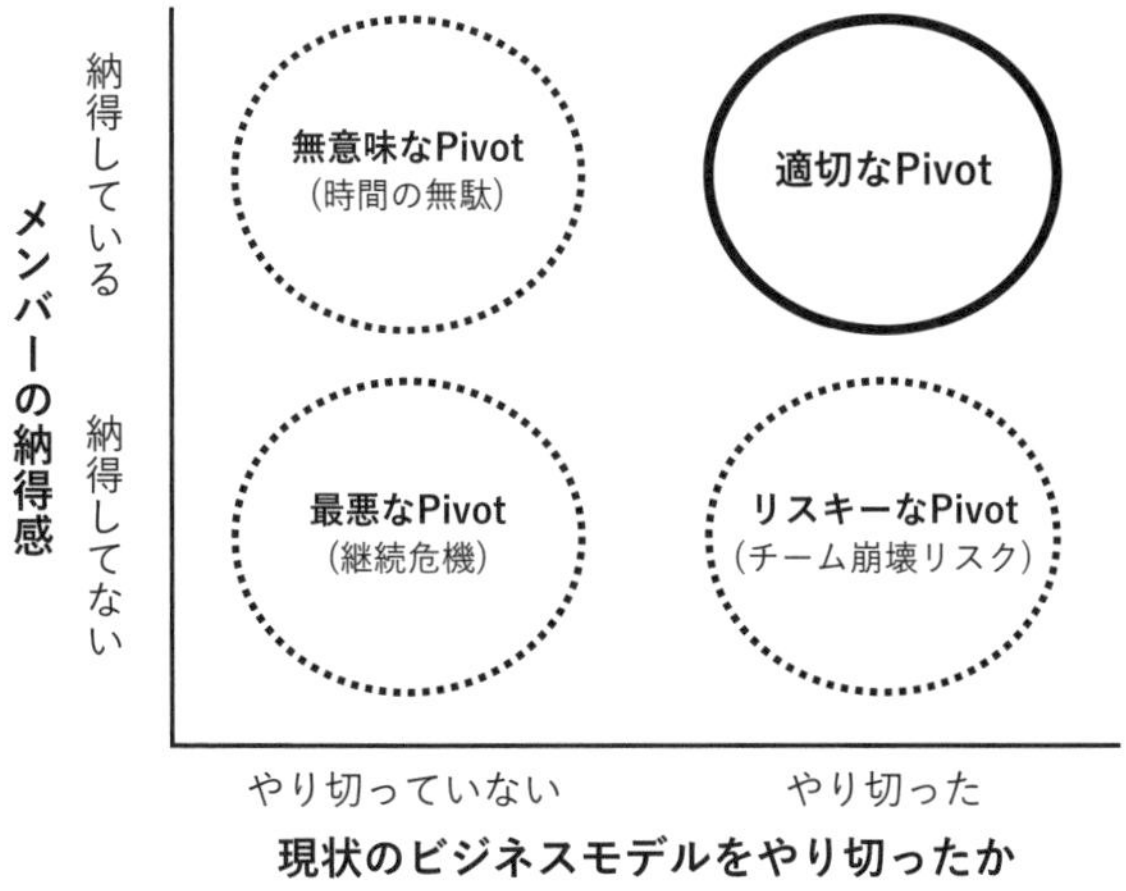

20）をご覧ください。まずきちんとやり切ったかどうかが重要になります。またその上で、なぜピボットするのかを、関わるメンバーに説明して、納得感を醸成できているかも、とても重要になります。

ピボットと言うと聞こえはいいですが、事業にとって『存続の危機であること』には変わりありません。なので、きちんとやるべきことをやり切り、それでも、ピボットを余儀なくされる場合は、ピボットする理由をきちんとメンバーに話していくことが重要になります」

山田「わかりました。100人以上の漁師に対して、検証を行った結果、このサービスが刺さらないことがわかったので、やり切った感はあると思います。魚械にピボットすることを説明したら、彼は残念ながら抜けてしまいましたが、先ほどおっしゃったように公募を通じて、別のメンバーを集めたいと思いま

新規事業でハマりやすいワナ ㊵

やり切らないで、ピボットをしてしまう

「ピボット」（196ページ参照）という言葉は聞こえがよく、ともすれば、「スマートなアクション」と捉えられがちである。しかし実際には、**「ピボット」は事業の存続を問う非常に重要な意思決定に他ならない**。どのようなピボットであれ、新規事業が「無傷」のままでいることはない。これまで作ったプロダクトや検証してきたことを、一旦ゼロベースに戻すことに他ならないのだ。ピボットを「安易な選択肢」として捉えて、これまでの施策をしっかりやり切らないと、チームメンバーの離反やステークホルダーの反発を招いてしまうことを認識しておく必要がある。

す」

予期せぬ成功に注目する

田所「次の事業アイデアについては、何か考えていることはありますか？」

山田「はい。次のアイデアなんですが、漁師が毎月支払っている固定費を下げるためのアプローチとして、漁船の中古売買ができるマーケットプレイスを作るというのはどうかと思っています。

漁師さんのインタビューの中でわかったのですが、その漁師さんはお金がなく、船を新しく買い換えることができずに困っていたようなのです。でも、たまたま知り合いの漁師さんから中古で船を譲ってもらったらしく、毎月の支払額が減って生活が楽になったと言っていました」

田所「なるほど。『**予期せぬ成功に注目せよ**』ということですね」

山田「予期せぬ成功？　どういうことですか？」

田所「マネジメントの神様であるP・F・ドラッカーが、『イノベーションと起業家精神』（ダイヤモンド社）でこのように言っています。『予期せぬ成功ほど、イノベーションの機会となるものはない。これほどリスクが小さく苦労の少ないイノベーションはない。しかるに予期せぬ成功はほとんど無視される。困ったことには存在を認めることさえ拒否される』

例えば、『一人カラオケ』がいい例です。『カラオケは複数人で楽しく行うもの』というのは固定観念にすぎませんね。実際に、ある一定の割合で、一人でカラオケに来る人がいました。そこにフォーカスして、『一人カラオケ』に特化した店舗を立ち上げて、成功した、という事例もあります。

最初に立てた、漁船のシェアリングに漁師は価値を感じるという仮説に固執せずに、予期していなかった『中古船の売買できることに価値がある』という仮説に向かえばいいということです」

新規事業でハマりやすいワナ ㊶

「予期せぬ成功」を見過ごしてしまう

自分たちが立てた仮説に固執したりこだわりすぎたりしてしまうと、ポテンシャルのある事業の芽が目の前にあったとしても見過ごしてしまうリスクが生じてしまう。「新規事業でハマりやすいワナ①」でも述べたように、仮説は常に覆される可能性があるということを認識し、常に柔軟性を持つことが大事になる。そのスタンスがあることで、「予期せぬ成功」が目の前に現れた時に、それに着目して、機会を探索できるようになる。

攻めるべき市場を定めていく

山田「はい。確かに、最初は中古船の売買という仮説はありませんでしたが、漁師さんと対話していく中で、もしかしたらニーズがあるかもしれないと、思いました」

田所「いいですね、対話の中から深いニーズに気づいていく、ということです。新たな事業仮説ができたので、前に書いたリーンキャンバスをアップデートしてみましょう」

山田「はい。このような図（図表21）になりました。

事業としてはピボットしましたが、

図表21 リーンキャンバス②

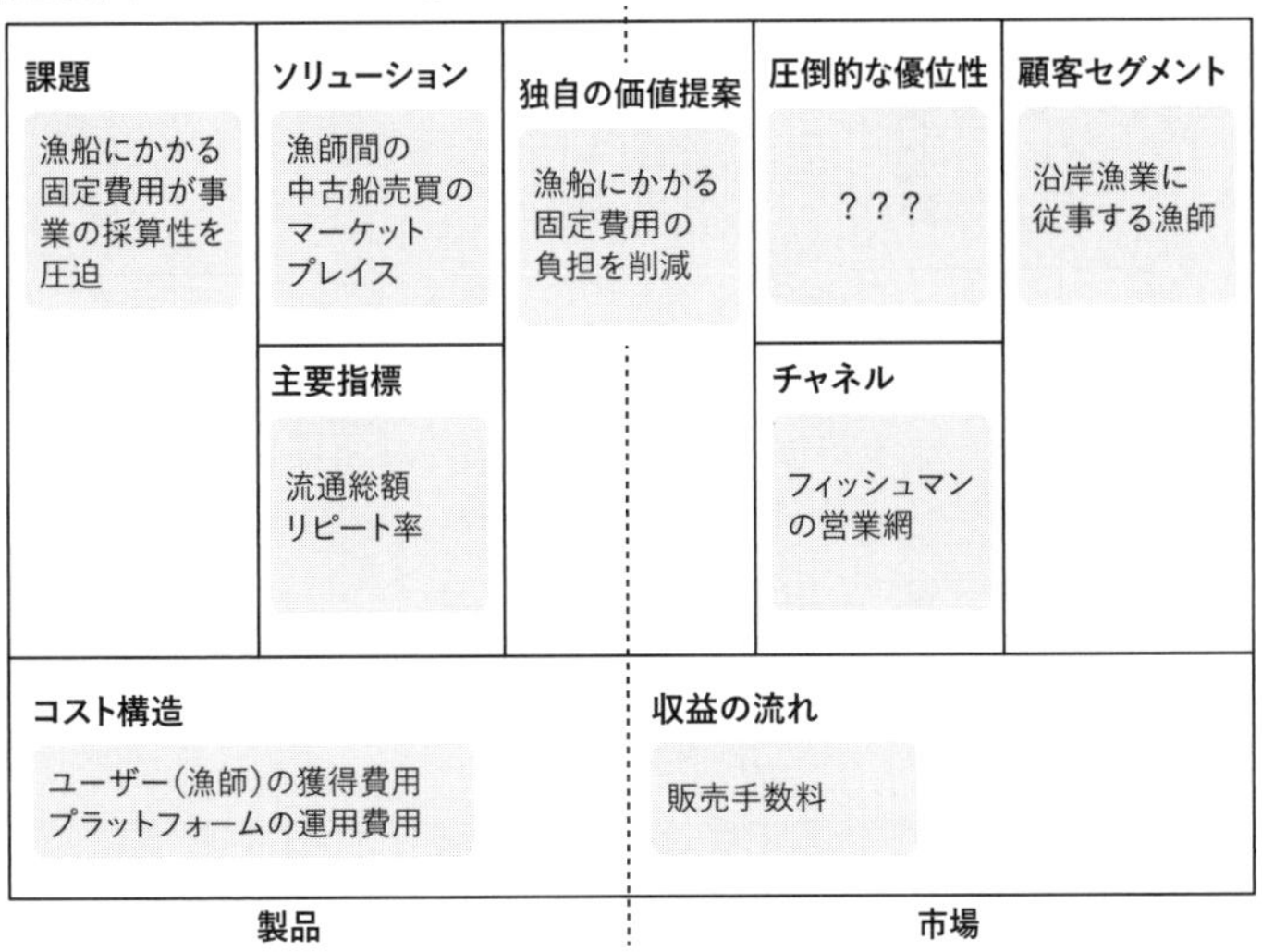

そもそもの顧客セグメントや顧客課題は変わってない感じですね。もし、数十ページの事業計画書を作っていたら、その修正だけで、多くの時間を要していた気がします」

田所「はい、リーンキャンバスは、シンプルですが、非常に有効なフレームワークです」

山田「では、さっそくアプリを……ではないですね。まずはMVPとして、チラシを作って、文字とイメージ図だけでヒアリングをし、反応が良ければExcelと電話とファックスでマッチングですね」

田所「そうです。ただ、最初に実験を行う対象をもう少し明確したほうが良いですね。以前お話ししましたよね。『Go To Market』というフレームワークを覚えていますか?」

山田「あ、そうでした。私が最初に訪れた漁港には知り合いになった漁師さんも多いですし、行きやすいので、そこの漁師さんたちを対象に仮説検証をしようと思っていましたが……」

田所「**最初に攻めるべき領域と、自分の得意領域は関係ない**、ということを覚えておいてください。Amazonの場合も創業者のジェフ・ベゾスはもともと金融出身です。しかし、最初に攻めるセグメントとして書籍を選びました。『インターネットという技術を使って、どのような商品を扱うのが一番よいか?』というテーマで一緒に共同創業したメンバーとブレストを行い、結果として『書籍』が一番良いという仮説に至ったからです。書籍以外にも、ソフトウェア、生鮮食品、家具など、様々な候補を検証したそうです」

山田「なるほど。こうやって軸を定めていくと、最初に攻めるべきセグメントがより明確になりますね。適当に自分が手を付けやすい領域から始めるというのはダメなんですね。よく考えれば当たり前ですね」

田所「では、『Go To Market』を書いてみましょうか。マッチングサービスなので、どの地域で、どの漁港を最初のセンターピンにするかという視点で書いてみてください」

山田「こんな感じ（図表22）でしょうか？　正しい『Go To Market』の図になっているか、不安ですが。

図表22「Go To Market」の図

組合員の数	漁師1人当たりの売上(万円)	初期検証セグメント	市場サイズ(日本全国にある港の数)	具体名
50~	1000~	○	100	
	~999	◎	150	B県A港 D県E港
49~30	1000~	△	300	
	~999	○	500	
29~	1000~	×	1000	F県G港
	~999	△	2000	

私が最初に行こうとしていた漁港は、漁業組合の加入者数が比較的少なく、遠洋漁業の漁師さんが多く、収入が多いので、今回のセンターピンにすべきではなさそうです」

田所「いいですね。『Go To Market』の書き方に100%の正解はありません。**重要なのは、様々な視点で顧客セグメントを分解し、どこが一番課題がありそうなセグメントかの仮説を立てること**です。こうやって見ると、この点線で囲っているセグメントが最初のターゲットになりそうですか?」

山田「はい。ここに具体的な場所を書いています。B県のA港の漁師さんたちを対象にしたいと思います」

田所「次は何をすべきでしょうか?」

山田「アプリ開発なんて言わないですよ(笑)。まず紙で、中古船の売買プラットフォームというコンセプトについてユーザーインタビューをしたいと思います。その後は、『人力』×『Excel』×『ファックス』でいきたいと思います」

新規事業でハマりやすいワナ㊷

「自分たちが攻めやすい」という理由だけで、市場セグメントを選ぶ

「新規事業でハマりやすいワナ⑯」でも述べたように、「最初に攻めるべき市場」と「自分たちが攻めやすい市場」は、必ずしも一致しないケースが多い。市場全体を見渡した上で、「どこの市場セグメントのニーズが比較的高く、初期ユーザーとして使ってくれそうか」を考えてみることが大事だ。

戦略的泥臭さ

田所「ところで、起業家や新規事業の責任者において、最も重要な要素は何だと思いますか？」

山田「やり切ることでしょうか？」

田所「はい、やり切ることも非常に大事ですね。私は起業家にとって最も重要な資質は**『戦略的泥臭さ』**であると考えています」

山田「戦略的泥臭さ、いい言葉ですね」

田所「はい、『Go To Market』で攻めるべき市場を定めたり、無駄なリソースを省いたり、サンクコスト問題に対応するためにMVPを作ったりする戦略性は、当然重要です。ただ、戦略だけで事業は立ち上がりません。

戦略の検討を通じて『攻めるべきところ』が決まったら、とことん泥臭く活動することが非常に大事です。自

新規事業でハマりやすいワナ ㊸

「戦略性」か「泥臭さ」のいずれかを軽視する

「新規事業でハマりやすいワナ㉚」で「泥臭さ」の重要性について述べた。加えて、新規事業を進めるにあたっては、上記でも指摘しているように、「戦略性」と「泥臭さ」をバランスよく兼ね備えることが非常に重要になる。

まず、泥臭さだけだと、事業は進んでいくかもしれないが、そもそも方向性が間違う可能性が高まり、無駄な努力になってしまう。だからといって、戦略性のみに注力しても、抽象論に終始していまい、事業が前には進まないからだ。

ら市場に出向き、顧客と対話をしながら、ニーズを探り、価値提案を検証していくことが重要になります。『戦略性』と『泥臭さ』、一見すると相反する2つの特性を、バランスよく持ち合わせることが重要です。

改めてここまでのプロセスを俯瞰《ふかん》して見てみると、こんな感じ（図表23）です。まず、漁船シェアリングモデルのMVPを作って、ローンチ（新商品として公開）した。そして、100人検証してみたが、結局マッチングせずに刺さらなかった。だから、このモデルはやり切ったと判断してピボットする、ということですね」

山田「はい、がんばります！」

図表23 PMFに至るまでのプロセス

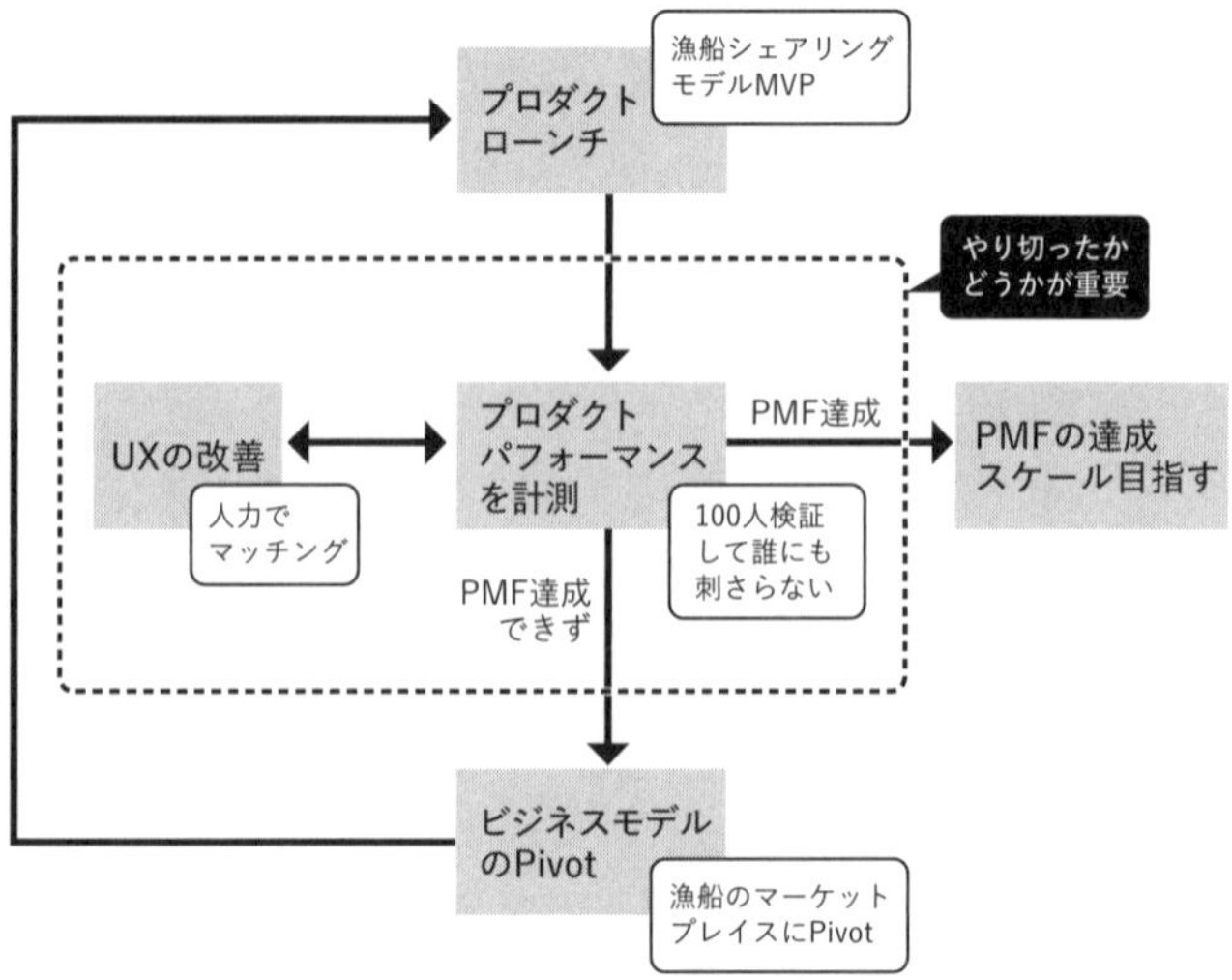

初めての利益

それから山田は、顧客インタビューと観察を再び重ねた。加えて、これまでやってきたように、人力とExcelとファックスの組み合わせであるMVPを用いた仮説検証を開始した。すると、だいたい1ヶ月過ぎたあたりだろうか、中古漁船を売りたいという漁師が現れたのだ！

その後、一人また一人と中古漁船を売りたい漁師が現れ、山田のExcelのリストには、50隻もの中古船の画像と、その所有者の名前と連絡先が記載されるまでになっていた。山田は、この事業に手応えを感じ始めていた。

そんなある日、中古船を買いたいという漁師がいるとの連絡をもらった。さっそく電話で事情を聞くと、息子が漁師になり、もう一隻購入を考えているので、中古船のリストを見せてほしいとのことだった。

「初めてマッチングするかもしれない‼」

山田は心を躍らせ、B県のA港へ向かった。そこで、漁船購入を希望する漁師、倉田さんと会った。

・・・・・

山田「初めまして。株式会社フィッシュマンの山田と申します」

倉田「初めまして。電話でお話ししたように、400万円くらいの予算で中古漁船を購入したいと考えています」

山田「ありがとうございます！　リストとしては現在50隻ほどありますので、こちらから選んでいただければと思います」

倉田「この船が良いのですが、売主の方に直接会いに行けますか？」

山田「もちろんです！」

・・・・・

山田は売り手である漁師の村田さんに連絡をした。

・・・・・

村田「山田さん、とても嬉しいよ。もう処分するしかないと考えていたからね。船舶っていうのは産業廃棄物だから、処分するにも結構お金がかかるんだよ」

山田「喜んでいただけて何よりです！　ところで、今回はお試しということで、無料でやらせていただいておりますが、今後は20％ほど手数料をいただこうと考えております」

村田「まぁ、お金が入ってくる話だから、良いんじゃないかな。もちろん、手数料なしが一番望ましいけどね」

•••••

その後も、手数料が無料という前提ではあったものの、問い合わせが続いた。問い合わせが10件発生したところで、山田は佐藤部長へ報告することにした。

•••••

佐藤「10件も問い合わせがあるとはすごいな。確実にニーズはありそうだな」

山田「来月から20％の手数料を取る予定です。新聞広告を打ってもよろしいでしょうか？　もっと多くの漁師に知ってもらいたいんです」

佐藤「アプリ開発を中止したことで予算はまだあるから、広告を打って漁師の反応を見ようか」

山田「ありがとうございます！」

・・・・・

結果、300万円ほどの広告費をかけたことで、さらに10件の問い合わせがあり、うち3件が商談にまで至り、最終的に1件の取引が成立した。600万円の船舶の取引だったので、20％の120万円の手数料が売上になった。

初めての利益が出て、山田は素直に喜んだ。やっと自分の仮説の正しさが証明されたと思うと、いてもたってもいられなくなり、田所のもとを訪れ、結果を報告した。

第6章

山田さん、「事業の持続可能性」を検証する

「ユニットエコノミクス」を計測・改善する

山田の新規事業の進捗に、良い変化が出てきた。田所に話す山田の口調にも、どこか勢いがあった

・・・・

山田「というわけで、ちゃんと売上が出ました！」

田所「おめでとうございます。ところで、『CPA』と『LTV』は、それぞれどの程度でしょうか？」

山田「CPAとLTV？　それって何ですか？」

田所「**CPAとは、『Cost Per Acquisition（コスト・パー・アクイジション）』の略**です。日本語で言うと『**顧客獲得コスト**』になります。どんなに高い商品が売れたとしても、その利益以上に顧客獲得コストが高ければ、その商品を売れば売るほど、損してしまいます

ね。そういった意味で、この指標は非常に重要です。

もう一つが、**LTV**です。『**Life Time Value（ライフ・タイム・バリュー）』の略**で、日本語で言うと『**顧客生涯価値**』になります。1人の顧客が生涯で生み出す利益の総額を予測するための指標です。ポイントとしては、顧客生涯売上ではない、ということです。顧客1人当たりの生涯（最初に契約してから、契約が終わるまでの期間）において、売上から原価や間接費用を差し引いた、いわゆる営業利益がどれくらい積み上がったのかを表しています」

山田「なるほど、理解しました」

「LTV＞CPA」を目指せ

田所「**『顧客1人当たりの採算』のことを『ユニットエコノミクス（Unit Economics）』と言います**が、『LTV＞CPA』（LTVがCPAよりも大きい）を満たせば、顧客1人当たりの採算が取れた事業であると言えます。つまり、顧客を獲得すればするほど、利益が上がる状態です。また、一般的に言って、LTVをCPAで割った時に3を超える数字であれば、事業の存続もしくは拡大・成長が可能な状態であると言われています」

山田「すいません。ちょっと理解できないので、簡単に説明していただけないでしょうか？」

田所「そうですね。山田さんはガチャガチャをご存知ですか？」

山田「もちろん知っていますよ。子供の頃、いっぱいやりましたからね」

田所「では、カプセルの中に10円が入った100円のガチャガチャがあったらやりますか？」

山田「田所さん、そんなのやるわけがないじゃないですか！」

田所「では、200円が入っていたら？」

山田「もちろん、やります！　やればやるほど儲かりますからね」

田所「そうですよね。馬鹿みたいな話だと思うでしょう？　しかし、新規事業になると、皆さん、この判断ができなくなるのです」

山田「……どういうことでしょうか」

田所「CPAはガチャガチャを1回やる際の値段です。LTVは中に入っているお金です。これを中古船のビジネスに置き換えてみましょう。CPAは、買い手である漁師を連れてくるための費用です。LTVは、その連れてきた漁師が中古船を買うことでフィッシュマンが得られる利益です」

山田「ここまでは理解しました。ということは、今回のCPAは広告費になるということですね」

田所「そうですね。ちなみに、広告費としていくら使って、何人の漁師を連れてこられましたか?」

山田「だいたい300万円の広告費を使って漁師1人ですね。その漁師さんから得られる利益は200万円ということは……」

田所「300万円払ってガチャガチャをして、中に入っているのが200万円ということなので、今は、やればやるほど損をするということです。ユニットエコノミクスがまだ健全化していない状態です」

山田「なるほど、そんな損するガチャガチャを回し続けていたということなんですね……」

田所「**事業を成立させる上で必要なのは、『LTV＞CPA』となること**なのです。そのために、様々な改善施策を打って検証していく必要があります。なので、仮に損益計算書（PL）が赤字だからといって、事業がダメかというとそうではありません。将来の顧客獲得のためにかけたコストも含まれていたりしますからね」

山田「赤字だったら事業がダメな気がするんですが、そのあたりをもう少し詳しく教えていただけますか?」

田所「例えば、500円のガチャガチャの中に、植物のタネが入っていたとします。これはタネの状態だと0円です。やりますか?」

山田「やるわけがないですよ。さっきと一緒で、やればやるほど損をするガチャガチャですよね」

田所「では、これならどうでしょうか？　もし、この植物のタネが1玉150万円もする最高級メロンのタネだったとしたら」

山田「150万円ですか？　それは買わない手はないですね！　ただ、育てるのにも

新規事業でハマりやすいワナ ㊹

「ユニットエコノミクス」を勘案しない

「顧客1人当たりの採算（ユニットエコノミクス）が黒字になっているかどうか」はとても重要なポイントである。これが赤字のまま拡大を目指すのは、バケツに穴が開いているにもかかわらず、どんどん水を入れているようなものだ。バケツに水が入った時は満たされている感じがするが、しばらくすると、穴から水がどんどん流れ出てしまうため、バケツが空にならないように、またどんどん水を入れていく……。こういうことを繰り返していると、赤字が膨らみ、資金が一気に枯渇してしまう。

最も重要なのは、バケツの穴をふさぐことだ。「どのような施策を実装すれば、顧客が定着するのか」「どうなれば、顧客が成功を実感するのか」を考え、検証していく。と同時に、顧客獲得コスト（CPA）を下げるために、「どうすれば、顧客がそのプロダクトを通じた成功を他の人に言いたくなるか。クチコミを広げてくれるか」を考え、検証していく。

営業パーソンを増やしたり、広告をめいっぱい投入したりした後に、ユニットエコノミクスの改善を目指すのではない。**ユニットエコノミクスが改善してきてから、スケール（事業を拡大）するためのアクセルを踏む――つまり、営業パーソンを増やしたり、広告を投入したりする――準備を行う**。この順番が非常に重要になる。

コストがかかりますよね」

田所「その通りです。育てるのにコストがかかります。ということは、考えてみてください。ガチャガチャをした瞬間はもちろん、メロンが育って売れるまでの間は、当然赤字ですよね？」

山田「確かにそうですね……当分は赤字が続きそうです」

田所「でも、このメロンが3玉実り、出荷できることになったらどうでしょうか。150万円が3玉で、450万円の売上になります。この事業を誰も失敗とは言わないですよね」

山田「そうですね。最初のガチャガチャの500円なんて気にならなくなりましたね」

田所「日本で大きく資金調達して有名になったSmartHR（スマートエイチアール）というクラウド型人事労務管理ソフトのスタートアップがあります。ご存知ですか？」

山田「はい、テレビCMやつり革広告など、結構、広告にお金をかけていますね」

田所「なぜ、それだけ広告にお金をかけられるかというと、SmartHRの解約率がとても低く、LTVが非常に高いので、広告費をかけても余裕で回収できてしまうという算段なのです」

山田「なるほど、最近、ゴールデンタイムのテレビCMでも、ああいうBtoBソリューションを見るようになったのは、そういうカラクリがあったんですね」

田所「以上の理由から、事業を適切に評価するためには、ＰＬではなく、ＣＰＡとＬＴＶを見る必要があるのです。つまり、ユニットエコノミクスをきちんと確認しなくてはならないということです」

山田「なるほど。とりあえず、ＬＴＶからＣＰＡを引いた時にプラスになればよいということですよね？」

田所「はい、事業を始めたばかりや、ＰＭＦに向かっている最中は、この図（図表24）のようにまだまだＬＴＶに比べてＣＰＡが高い状態です。ところが、メロンの種を育てて、『金のなる木』になったように、プロダクトの改善を続けて、ＬＴＶを良くし、顧客獲得方

図表24 ユニットエコノミクスが未達成の状態

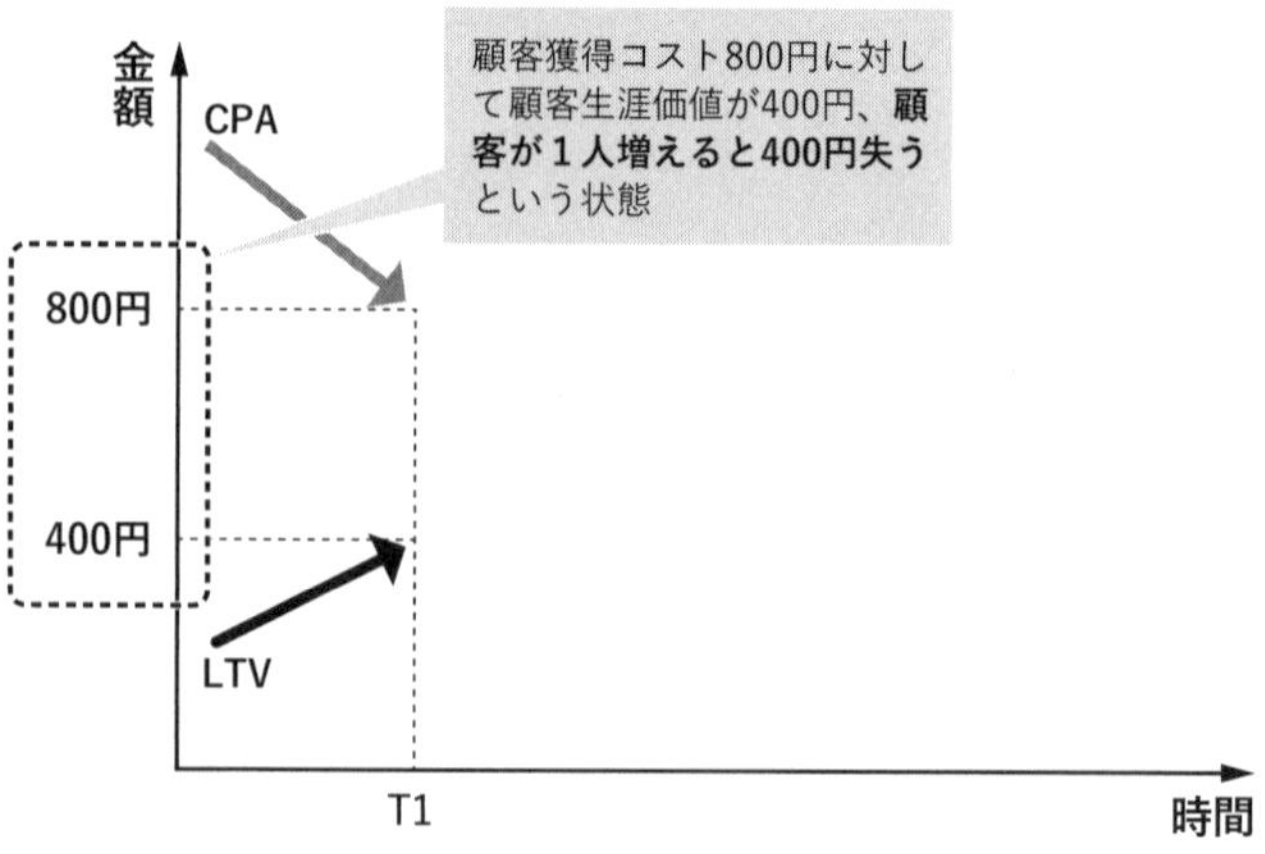

法も改善を続けて、CPAを下げることで、この図（図表25）のようにユニットエコノミクスはどんどん健全化していくでしょう」

山田「おっしゃっていることはとてもよくわかるのですが、『LTV＞CPA』となるような方法で顧客を集めてこられるのであれば、苦労しない気がします。今回の中古船の事業もそうですが、『LTV＞CPA』となるような形で顧客を集めてくるのがそもそも難しい気がするのですが……」

クチコミを活用せよ

田所「そうですね。**ユニットエコノミクス**

図表25 ユニットエコノミクスを達成した状態

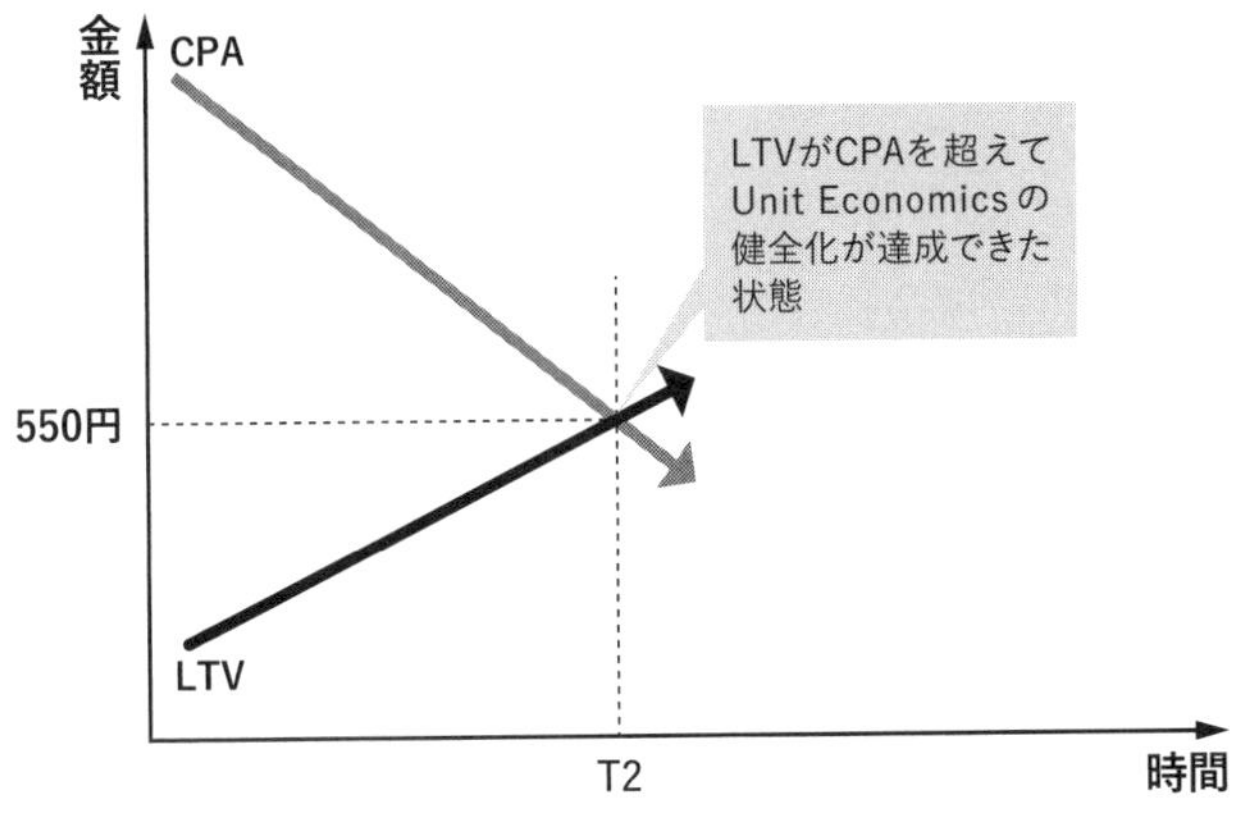

の健全化の方法としては、『①CPAを下げる』、もしくは、『②LTVを上げる』のどちらかがあります」

山田「CPAを下げるというのは、今打っている広告なしで顧客が来てくれるようにするというイメージでしょうか？」

田所「そうですね。顧客に別の顧客を呼んでもらえる状態を作るということです。いわゆる『クチコミ』が効いている状態を目指すことになります」

山田「クチコミというとわかりやすいです。『紹介してくれたら無料キャンペーン』とかやればよいのでしょうか？」

田所「もっと本質的なところから改善していくべきです。考えてみてください。山田さんが知り合いや友人についすすめたくなるサービスって、どんなものですか？」

山田「すすめたくなる、ですか。それはもちろん、私自身が心から本当に良いと思っているサービスですね」

田所「そうですよね。それはつまり、山田さんがそのサービスの熱狂的なファンになっているかがポイントです」

山田「熱狂的なファン……」

田所「つまり、本当に顧客の心をつかんで離さないサービスを作り上げることができれば、広告なんていらないんですよ。クチコミに火がついていくことを『バイラル（Viral）する』と言います。『バイラル』しているプロダクトは、人から人へと、サービスのクチコミが伝播していくので、顧客獲得コストがかかりません。例えば、Dropbox（ドロップボックス）というクラウドストレージサービスをご存知ですか？」

山田「はい、数年前から使っています」

田所「Dropboxは、クチコミとバイラルを使って、一気にユーザーを広げたとても良い事例です。Dropboxはクチコミを活用して、15ヶ月でユーザーを40倍に伸ばしたんです」

山田「40倍！　すごいですね！　どうやったんですか？」

田所「友達を招待したら、フリーのクラウドストレージスペースをもらえるキャンペーンを実行したら、一気にユーザーが広がったんです。友達を招待するたびに500MBのボーナスストレージをもらえるようにしました。その結果として、バイラルで広がっていったんです」

山田「確かに、このキャンペーンは魅力的ですね」

田所「こういう、**ユーザーがユーザーをどんどん呼び込んでくる状態を『バイラル係数が高い状態』と言います**」

山田「バイラル係数？」

田所「バイラル係数とは、１人の既存顧客が新しく連れてきてくれる顧客の数を表します。この係数が１であれば、既存顧客が新たに新規顧客を１人連れてきてくるということになり、単純に倍々で顧客数が増加していきます。２０２１年の初頭に話題になったClubhouseも新ユーザーに２人の招待枠を設けて、どんどんクチコミで広げていきました」

山田「なるほど、Clubhouseは一世を風靡しましたね。バイラル係数が高ければ高いほど良いということはわかったのですが、先ほどのユニットエコノミクスの話とどういう関係があるのでしょうか？」

田所「少し考えてみてください。広告費を５万円を出すことによって、５人の新規顧客を獲得できる場合、ＣＰＡは１万円ですよね」

山田「はい。そこまではわかります」

田所「仮にバイラル係数が１だったらどうでしょうか。その５人がまた新たな５人を連れてきてくれるんですよ？」

山田「ということは、５万円の広告費で10人獲得できたことになるということですね！」

田所「その通りです。なので、ＣＰＡが半分の５０００円となります」

山田「なるほど！　ようやく理解できました。だから、クチコミが効くと、ユニットエコノミクスの健全化につながるんですね」

田所「あとは、考え得る施策としては、広告を出す媒体をターゲットユーザーに合わせて変えるという方法もありますね」

山田「今は漁師さんはウェブ広告なんか見ないと思ったので、地方新聞広告にしていますが、他に何か良い媒体があるのでしょうか？」

田所「漁師が読んでいる専門誌などがあればよいですね。前に、『Go To Market』で仮説を立てたり、ペルソナを設計したりしましたね。**ペルソナの解像度を高めていって、『ターゲットとなるユーザーがどのようなところで、情報を集めて、意思決定をしているのか』を明らかにするのがポイント**です」

山田「そういえば、以前漁師さんのご自宅にお邪魔した際、『月刊マリンマン』という専門誌が置いてありました。それに広告を出してみるというのも面白いかもしれませんね！」

田所「はい、実際に漁師さんに、商売に必要な道具や情報はどこから仕入れているのか、ヒアリングに行くのも良いですね。大事なのは、自分がよく知っている媒体に広告を出すのではなく、より多くのターゲットユーザーが見ている媒体に広告を出すことです。広告などを通じて、まずは認知してもらい、そして、興味を持ってもらい、最終的に、このサービスを使うという意思決定をしてもらう必要があります」

山田「なるほど。段階を踏んでいくんですね」

「5つの不」を取り除け

田所「そうです。実際にサービスやプロダクトを使ってくれるまでには、段階的に『5つの不』を解消していく必要があります。**5つの不とは、不認知、不信、不要、不適、不急の**ことです」

山田「なるほど。サービスや製品の利用・購買までを、こう整理するとわかりやすいですね」

田所「**この中で、どこがボトルネック（制約条件）になっているのかを明らかにして、施策を打っていく必要があります。**この中古船売買サービスにおいて、ターゲットユーザーがどのように不を解消していくのか、仮説を立ててみましょう。

これらはあくまでも一事例にすぎませんが、一つひとつの不に対する対策を立ててみました。この図（図表26）も参考にしてください。

解消すべき5つの不

①不認知……「そもそもサービスやプロダクトが知られていない」を解消するためにタ

ーゲットユーザーがよく読んでいる『月刊マリンマン』に広告掲載する

②**不信**……「サービスに対する不信感がある」を解消するために、『月刊マリンマン』にこれまでの利用者で満足した方のインタビューを掲載する

③**不要**……「サービスやプロダクトの必要性を感じない」を解消するために、利用用途や予算に応じて、船舶を検索できるようにする

④**不適**……「サービスやプロダクトが自社に適していない」を

図表26 サービスや製品の利用・購買までのプロセス

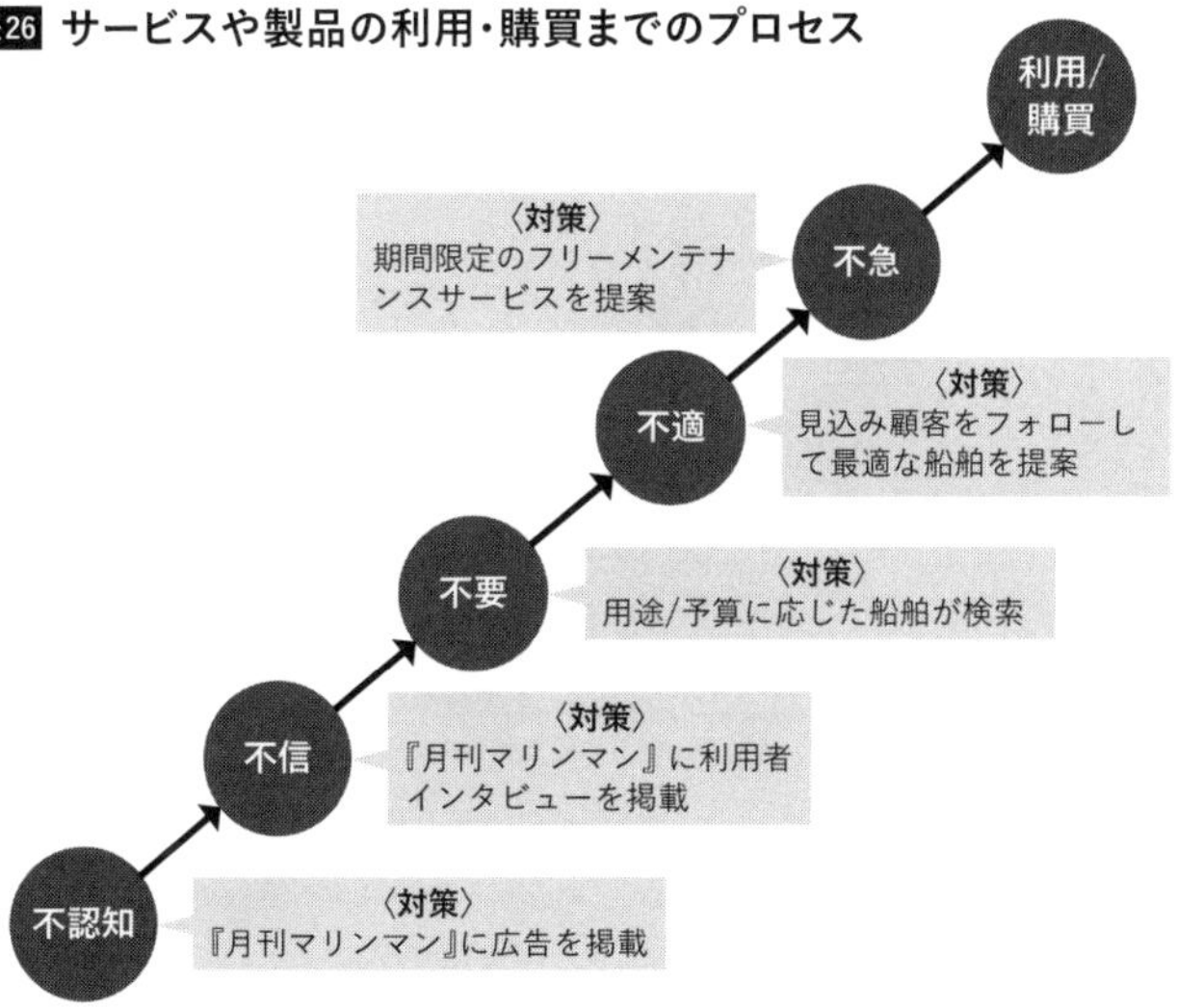

解消するために、問い合わせがあった見込み顧客を電話でフォローして、最適な船舶を提案する

⑤不急……「今、そのサービスを利用する緊急性が乏しい」を解消するために、期間限定のフリーメンテナンスサービスを提案する

山田「なるほど、こうやって購買に至るまでの一つひとつのステップに対して対策を講じていくんですね」

田所「はい、そうです」

「LTV」を上げよ

山田「CPAを下げる方法は理解できたのですが、②のLTVを上げる方法が、なかなかイメージがつきません」

田所「今検証しているのは、中古船を売りたい人と買いたい

新規事業でハマりやすいワナ ㊺

「5つの不」を分けて考えない

224ページで、顧客が実際にサービスやプロダクトを使ってくれるまでの段階を**「不認知、不信、不要、不適、不急」**の5つに分けた。そうすることによって、「どこにボトルネックがあるか」を明らかにできる。新規事業では特にリソースが限られているが、**「『5つの不』のどこに注力すれば、改善幅が大きいか」を常に意識して施策を講じる必要がある。**そのために、きちんとプロセスを分けて考えていくことが重要になる。

人のマッチングを仲介するビジネスモデルですね」

山田「中古船の売買プラットフォームなので、それで良いと思っていましたが」

田所「**LTVを上げるために大事なのは、このサービス上で売買が成立したユーザーに、別の価値が提供できないかを考えるということ**です。痒《かゆ》いところに手が届くようなサービスや付加価値を考えるのがポイントです。中古船を買った人は、どのような付加価値サービスが必要になると思いますか？」

山田「例えば……中古船なので、定期的なメンテナンスが必要になります。ですので、メンテナンスサービスや、故障した時の出費を補填するような保険のサービスとか……」

田所「そうなんです。そのような感じで、販売後も顧客に寄り添い、定期的に付加価値を提供できないかを考えていくことが大事です。売る時だけ顧客との接点を持ち、価値提供するだけではダメなんです。

　そのような**長い目で見た『ユーザーが一つの製品やサービスを通じて得られる総合的な体験』のことを『ユーザーエクスペリエンス（User eXperience）』と言います**。略して『**UX**』と言われることが多いですね」

山田「ユーザーエクスペリエンス？　聞いたことがあります」

「ユーザーエクスペリエンス」がすべて

田所「**UXを改善することで、LTVを上げることができ、ユニットエコノミクスを健全化することができます。**

このUXが重視されるようになってきた背景には、時代の変化もあります。以前は顧客が製品（モノ）にお金を払っていましたが、今は体験（コト）にお金を払う時代になってきています。特に、インターネットとスマホによって、デジタルで常時接続された現在においては、この傾向は非常に強くなっています。

山田さんは最近、何かの製品やサービスを使って、新たな付加価値を感じるような体験をしたことはありませんでしたか？」

山田「付加価値を感じるような体験ですか。そういえば、最近、AppleのiPhoneを買い換えたのですが、クラウドにすべてのアプリやデータを保存できるので、端末の移行が簡単で、すぐに使えるようになりました。また、Face IDという機能があります。これなんかもいちいちパスワードを覚える必要がありません。顔認証したら、パスワードが入力されて、非常に便利です」

田所「まさに、そのようなユーザーの満足度向上につながりそうな体験を考えるのが、ＵＸの目的です。iPhoneなどは、ただ単に美しい見た目のデザインだけでなく、ＵＸも細部にまでこだわって作られていますね」

山田「そういえば、スマホ版YouTubeのＵＸもすごいと思います。私には２歳になる息子がいるのですが、こちらが教えることなく、YouTubeを使いこなしているんです。２歳児でも直感的にわかるデザインになっているのはすごいと思いました」

田所「なるほど、確かにそうですね。これらのことからわかるのは、単に製品を提供するだけなく、ユーザーが製品を購入した後に得られる体験まで視野に入れて総合的に考える必要があるということです」

山田「ＵＸが重要というのはよくわかったのですが、こういうＢtoＣの事例だけでなく、ＢtoＢの事例などもあったりするんですか？」

田所「はい。ＢtoＢビジネスこそ、ＵＸの概念を活用することが非常に大事です。山田さんは株式会社小松製作所（以下、コマツ）をご存知ですか？　コマツはこのＵＸに着目したビジネスモデルの変革により、大きく成功した企業のうちの一社なのです」

山田「コマツって、あの建機メーカーのコマツですよね。でも、重厚長大なイメージの企業で、それこそ売ったら終わりのビジネスモデルな気がしますが」

田所「コマツでは、コムトラックスというＩＴシステムを活用し、世界中の約60万台のコマツの建機が発信する情報を、通信衛星回線や携帯電話回線を通して集めています。つまり、それぞれの建機が今どこでどのように稼働しているか、何時間稼働して燃料はどれくらい残っているか、故障した場合は、どこが故障したかなどの情報が逐一、本社に送られてくるようになっているのです」

山田「それはすごいですね。でも、それがＵＸとどう関係があるのでしょうか？」

田所「考えてみてください。コマツの顧客は、『建機』を買いたくて、コマツの建機を買っているんでしょうか？」

山田「いや、建機を買うということは、建機を使って、建設工事などのプロジェクトを効率的に遂行したいということでしょうか？」

田所「はい、そうです。建機を買う目的は、建機を活用して、『建設の生産プロセス全体の最適化』を図ることです」

山田「建設のプロセス全体の最適化と、ＩＴを使ったモニタリング（監視）システムとは、どういう関係があるんですか？」

田所「なぜ、ＩＴシステムを導入して、建機一台一台をモニタリングしているかというと、故障やトラブルで建機が稼働できない状態になると、作業ができなくなるからです。それをなるべく未然に防ぎたいし、万が一壊れたとしてもなるべく早く修理してほしいわけです。

また、建機は、本体価格そのものよりメンテナンス費用やランニングコストのほうが高く、本体価格の10倍にもなることもあるのでなおさらです。こういったサービスの裏側にあるのも、UXという考え方です」

山田「なるほど。UXって、AppleやAmazonのような、BtoCのプロダクトだけに適用されるものだと思っていました。コマツのようなBtoBビジネスにも適用できるんですね」

田所「その通りです」

山田「コマツのケースを見ると、確かに建機を売るだけでは不十分ですね。むしろ、買った後にこそ顧客の課題があるので、購入後もフォローしてあげないと顧客の全体最適は達成されず、満

新規事業でハマりやすいワナ ㊻

UXを軽視する

UXとは、「User eXperience（ユーザーエクスペリエンス）」の略で、「ユーザーが一つの製品やサービスを通じて得られる総合的な体験」のことである。

プロダクトやサービスを開発する際には、「使う前、使っている間、使った後」という全体のUXをきちんと考え、検証することが大切になる。よくあるのが、プロダクトやサービスを「使っている間（触れている間）」のUXのみを改善しようと試みるケースである。すると、「プロダクトを使う前」と「使った後」のUXが抜けてしまい、サービスやプロダクト全体を通して得られる体験がチグハグになったり、歪《いびつ》なものになったりしてしまう。

足しないということですね」

田所「単に建機というモノの販売で終わることなく、モノから集まった膨大な情報、つまりビッグデータを活用して、顧客満足度を高め、自社の収益につなげる素晴らしいビジネスモデルです。

最近は多くの企業がDX、DXと言っていますが、DXやデジタル化というのはあくまで手段です。その目的は、どうやったら顧客のビジネスやオペレーションの全体最適やUXの改善が図れるかを検証することであり、ひいては、それらを通じてユニットエコノミクスの健全化を図ることです」

山田「なるほど、まずデジタル化やDXの前に、あるべきUXを考えるのが大事ということですね。この考え方は中古船販売においても重要になってくるということでしょうか?」

田所「そうです。今、山田さんが想定している中古船を提供する売り切りモデルだけでは、顧客に寄り添い、熱狂的なファンを作ることは難しいかもしれません。

中古船を販売することに加えて、**別の付加価値が提供できないか――つまり、『ユーザーの総合的な体験（UX）』を改善できないか――を検証することが重要**です。『もっと痒いところに手が届くサービスを提供することができないか』考えてみてください」

山田「熱狂的なファンを作るためには、付加価値が重要で、中古船を提供しているだけではダメということですね。言われてみれば、当たり前ですね」

田所「**提供すべき付加価値を考える際のコツは、顧客の満足度のピークを購入時に持ってこないこと**です。『購入』という行為は、あくまでも企業と顧客の関係性ができたタイミングにすぎません。重要なのは、購入後も顧客と関係を持ち続け、顧客の満足度を高められているかを確認することです。

以前の売り切りモデルが主流だった頃は、顧客が買うタイミングに向けて、いかに気持ちのピークを持っていくかが重要でした。一方で、これからの時代は、いかに購入後にずっと関係を維持して、ユーザーに寄り添いながら気持ち高めていけるかが重要です」

山田「なるほど。ユーザーに寄り添っていくことが、LTVの向上につながるんですね」

「NPS」を計測せよ

田所「ところで山田さん、Netflix（ネットフリックス）を知っていますか？」

山田「はい！　大好きで毎日見ています」

田所「定額制の動画配信サービスを提供しているNetflixは、ユーザー1人当たり月額1000円程度で豊富なコンテンツが見放題で、ユーザーの好みに合ったコンテンツをレコメンド（推薦）する機能も優れています。１９９７年創業のNetflixですが、初期の頃は10％近くあった解約率が、２０１９年の時点ではたったの２〜３％になったと言われています。今やトヨタの時価総額を追い抜いていますからね」

山田「Netflix、恐るべしですね」

田所「そうなんです。『ＮＰＳ』も、とても高いと言われています」

山田「えっ、また新しい言葉が出てきましたね。ＮＰＳとは何のことですか？」

田所「**ＮＰＳは、『Net Promoter Score（ネット・プロモーター・スコア）』の略です。『正味推奨者比率』とも言われます。**外資系コンサルティングファームのベイン・アンド・カンパニーなどが開発した顧客の満足度を表す指標です。ＵＸの変更などの施策が顧客満足度の向上につながっているかどうかは、このＮＰＳを計測すればわかります。つまり、この指標を計測することで、本当にユーザーに寄り添えているかどうかがわかるのです。

ＮＰＳを計測するには、まず、『あなたはこのサービスを友人や同僚にすすめたいと思いますか？』という質問をして、０（全く思わない）から10（非常にそう思う）までの11段階で評価をしてもらいます。そして、10や9と答えた人を『推奨者』、8や7と答えた人を『中立者』、6〜0と答えた人を『批判者』と分類します。それから、推奨者の割合から、批判者の割合を引きます。例えば、推奨者の割合が50％で、批判者の割合が20％だったら、NPSは30ということになります。

Amazon や Netflix のNPSは50前後という調査結果もありますから、両社の顧客満足度がいかに高いかがわかります」

山田「普通に『満足していますか？』って訊いて、星を5段階評価で付けてもらえばよいのではないでしょうか？」

田所「いいえ。『満足していますか？』という質問はバイアスがかかってしまい、うまく顧客の満足度を計測できない場合が多いんです。そこで有効なのが、『友人や同僚などの第三者にすすめたいと思うか？』という訊き方です」

山田「なるほど……勉強になります。さっそく、今まで中古船を購入していただいた漁師さんのNPSを取ってみます！」

「NPS」の改善策を検討せよ

山田は、さっそく、中古船を買った人たちのNPSを測定した。その結果、NPSはマイナスとなった。つまり、友人や同僚に紹

新規事業でハマりやすいワナ ㊼

顧客の満足度やエンゲージメントを計測しない

新規事業では、「どういった施策を打つのか」「どういうところにリソースや予算をかけるのか」という重要な意思決定をする場面が多くなる。その際、判断軸を「顧客視点」に置くことが重要になる。例えば、機能追加をした後に、「実際に、その機能が顧客に喜ばれているのか」を検証するために、**「顧客エンゲージメント」（顧客の商品やサービスに対する思い入れや愛着）**を定量的に計測していくことが大事になる。

介したいサービスになっていないということがわかった。

中古船は20隻売れたが、広告費をかけて獲得した新規顧客ばかりで紹介は0件だったのだが、その理由がわかった気がした。

この結果を持って山田は、田所のところへ改めて相談にいくことにした。

・・・・・

田所「なるほど、NPSがマイナスではまずいですね。顧客満足度が低く、LTVの向上を望めるような状況ではありません」

山田「NPSを上げるには、どうすればよいのでしょうか?」

田所「そうですね、まず、**ユーザーがどのように『満足のステップ』を上っていくのかを**

新規事業でハマりやすいワナ ㊽

「プロダクト売り切り型」の事業モデルに固執する

世の中のトレンドは、「プロダクト売り切り型」から「顧客寄り添い型」へ大きくシフトしつつある。

例えば、クリエイターツールのPhotoshop(フォトショップ)やIllustrator(イラストレーター)で有名なAdobe(アドビ)も、2011年以前は「プロダクト売り切り型」のビジネスモデルだった。ツール単体、もしくは、複数のツールをセットにし、売り切る形で商品を販売していて、これがAdobeのビジネスの柱だった。

しかし、スマートフォンの普及によりイノベーションの速度が一気に加速したことを受け、Adobeはサブスクリプション型(104ページ参照)へ移行。その結果、売り切り型の時代には数百万の規模だったユーザー数が、数千万の規模へと桁が1つ上がったことに加え、顧客生涯価値(LTV)も増加する形となった。

言語化し、可視化することが重要です」

山田「満足のステップって何ですか？」

田所「**顧客エンゲージメント（Engagement）――つまり、顧客のサービスに対する思い入れや愛着――が徐々に高まっていくプロセス**のことです。

例えば、山田さん、何か最近ハマっているサービスってありますか？」

山田「そうですね。最近はメルカリにハマっていて、毎週のように使っています」

田所「なるほど。ここで気をつけていただきたいのが、今ハマっているサービスでも、最初は顧客エンゲージメントが低い状態から始まっているという点です。

どんな感じでハマっていったか覚えていますか？」

山田「はい。ＣＭでメルカリのことを知って、ダウンロードしましたが、最初の２〜３ヶ月は使っていませんでした。

ところが、すごく欲しいスニーカーがどこの店に行っても売り切れてしまっていて、『もしかしてメルカリなら出品されているかも』と思い、アプリを開きました。残念ながら、その時は見つからなかったんです。

それでも、『出品されないかなー』と毎日アプリを開けて見ていたら、１週間後に状態の良い中古品を見つけることができ、少し定価より高かったのですが、購入しました。

そして、実際に商品が届いたら、状態も良く、満足しました。そこから、ちょくちょくメルカリで、好きなブランドのスニーカーや服を買うようになりました。

使い出して半年後くらいに、逆に初めてメルカリで出品しました。メルカリで半年前に買ったスニーカーですが、ほとんど履いておらず、キレイな状態でした。それがすぐに売れて『これはすごい！』と思いました。

田所「なるほど。山田さんがメルカリにハマるまでの満足のステップを図にしてみると、こんな感じ（図表27）ですね。

このような図を**『カスタマーサクセスマップ（Customer Success Map）』**と呼びます。つまり、**顧客が満足した状況を『Success（サクセス：成功）』と捉え、そこまでの道筋を明らかにした図**です」

山田「確かに、意識していませんでしたが、このような感じでステップを踏んでいったと思います」

田所「実は、それぞれのステップとステップの間には、ハードルが存在しています。一つひとつのハードルをクリアするごとに、ユーザーは次のステップに移っていくということです。

このハードルの存在が、NPSの改善やLTVの向上を阻み、ユニットエコノミクスの健全化も困難にしています。ですから、ユーザーがハマっていくプロセスを洗い出すと同時に、どこにハードルがあるのかを把握していくことが大事です。
　そして、それらのハードルをなくしていくことが、ユニットエコノミクスを健全にし、PMF（プロダクト・マーケット・フィット）を達成するために、最も大切なことになります。別の表現で言うと、**『まず〝バケツの穴〟を閉じる』**ということです」

「バケツの穴」を閉じよ

山田「バケツの穴？　急にバケツと言われましても……」

田所「失礼しました。バケツの中にある水が利益だとすると、多くの企業はなる

図表27　カスタマーサクセスマップ①（メルカリにハマるまでのプロセス）

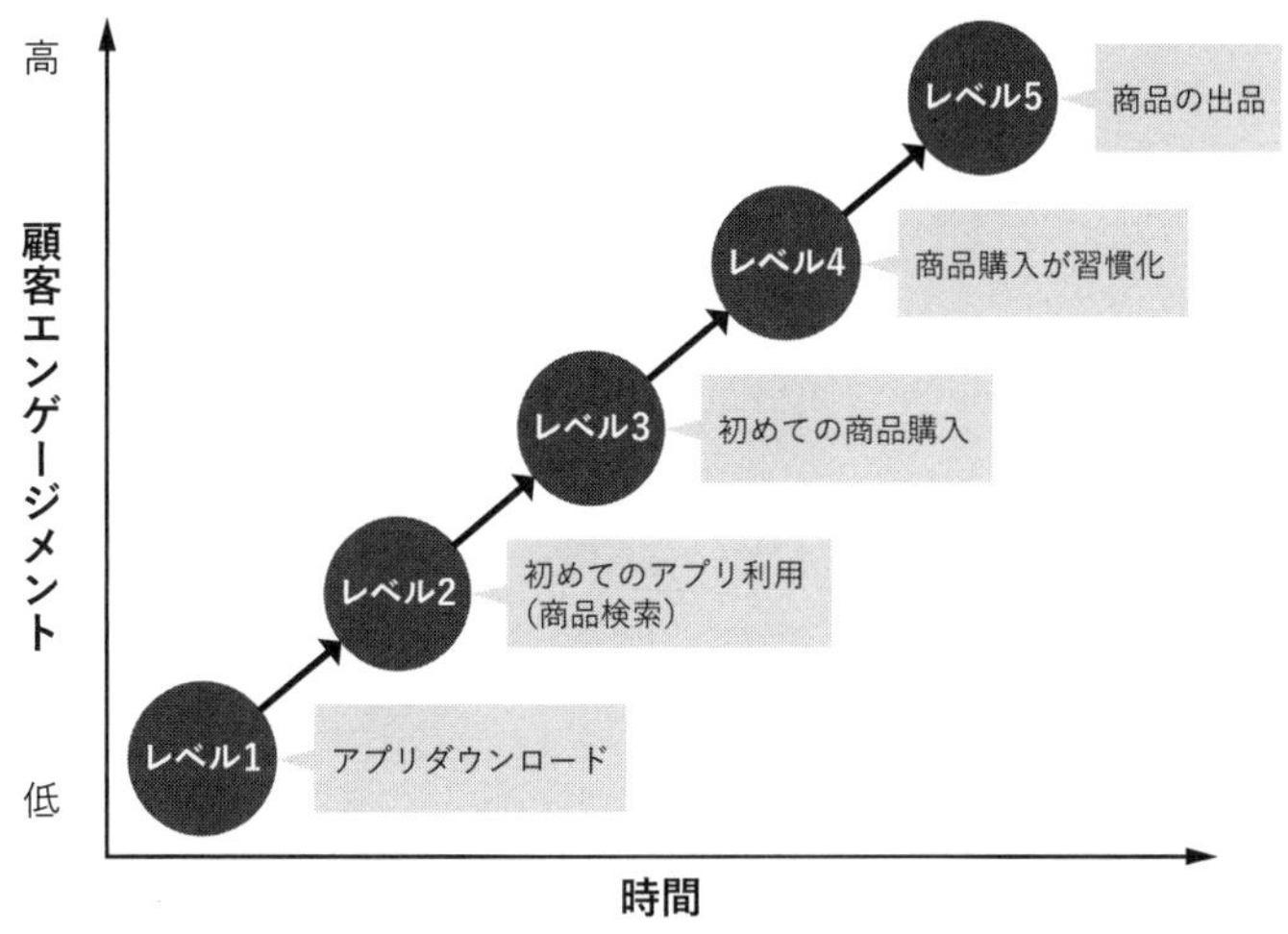

べく多くの水をバケツの中に入れようとがんばりますよね。ここまでの例え話は、大丈夫ですか？」

山田「はい」

田所「新規事業を始めた頃は、例えるなら穴の開いたバケツのようなもので、水を入れても、どんどん穴から漏れていっている状態です。つまり、この状態で顧客獲得をしても、顧客は定着せずにどんどん離脱してしまっているわけです」

山田「なるほど。その穴をふさいで、水漏れをなくすことから始めなければならないということですね。穴をふさぐというのは、顧客の定着率を上げるということですか？」

田所「はい。その通りです。**大事なのは、どのように穴をふさげばよいのか――つまり、どのようにすれば顧客の定着率を上げられるのか――をきちんと再現性のある形で言語化できていること**です」

山田「再現性のある形で言語化？　どういうことでしょうか？」

田所「顧客がそれぞれのハードルを乗り越えていくために、どういったオペレーションやサポートを提供すればよいかを、きちんと明確化・言語化する必要があるということです。そうすることによって、特定のメンバーの特別なスキルや経験に依存した状態から脱却することができます。これが『再現性』です」

山田「なるほど。この再現性を高めることは、事業をスケール（規模拡大）させるためにも重要ですね」

田所「おっしゃる通りです。**PMFとは、ただ単に『人が欲しがるものを作れる状態』というわけでなく、『人が欲しがるものを作れる状態を再現できること』も重要**だと考えています。再現性を高めることに秀でている企業として紹介したいのが、スタートアップではないですが、無印良品です。無印良品はご存知ですか？」

山田「はい。大好きで、週末によく行きます」

田所「無印良品は、『どうやれば、顧客が店舗で良い購買体験ができるか？』を徹底的に言語化・マニュアル化しているんです」

山田「確かに、無印良品は、全国に店舗がありますが、非常に統一感がありますし、店員さんの態度も非常に感じが良いですね」

田所「はい。あの状態を実現するために、無印良品は、MUJIGRAM（ムジグラム）というマニュアルを用意しています。MUJIGRAMには、売り場のディスプレイから接客まで、

新規事業でハマりやすいワナ ㊾

再現性を軽視する

顧客への価値提供に成功した後に大事になるのが、「なぜ、顧客は喜んでくれたのか。何に価値を感じてくれたのか」の要因を分析して、再現性のあるプロセスとして、形式知化することである。これをせずにいると、成功（顧客への価値提供）が単なる「ラッキーパンチ」になってしまい、事業をスケールさせることが難しくなる。

すべての仕事のノウハウが、徹底的に具体化して網羅されています。

MUJIGRAMでは、各項目の最初に『何を実現するために作業を行うのか?』という意味と目的が、『何・なぜ・いつ・誰が』の4項目で示されています。なぜなら、仕事の意味を理解できていれば、仕事の軸がぶれませんし、問題点や不便な点を発見できるようになり、改善策を提案できるようにもなるからです」

山田「なるほど。無印良品の裏側には、そういった仕掛けがあったんですね」

田所「そうです。顧客の定着率を上げていくためには、例えば、この図(図表28)のような感じで、**満足のステップの間にあるハードルをきちんと言語化・可視化した上で、マニュアルなどによってそれを取り除く施策を再現性ある形にしていくことが、非常に重要**です」

「UX」を理解せよ

田所「また、顧客の定着率を高めていく施策を考える上で重要なのが、先日お話ししたUXです。覚えていますか?」

山田「UXは『ユーザーが一つの製品やサービスを通じて得られる総合的な体験』のことでしたよね」

田所「そうです。**製品やサービスを通じて得られるユーザー体験を改善し、その製品やサービスに対してユーザーが感じる価値を向上させることによって、顧客の定着率を高めていくことができます**」

山田「なるほど。iPhoneがバージョンアップのたびにUXを改善しているように、我々の顧客に対しても、より良いユーザー体験を提供できるような施策を考える必要があるということですよね」

田所「はい。先日もお話ししましたが、UXでは、売る時だけ顧客との接点を持つのではなく、販売後も含めた『総合的な体験』の提供を考えていく必要が

図表28　カスタマーサクセスマップ②（メルカリにハマるまでにあるハードル）

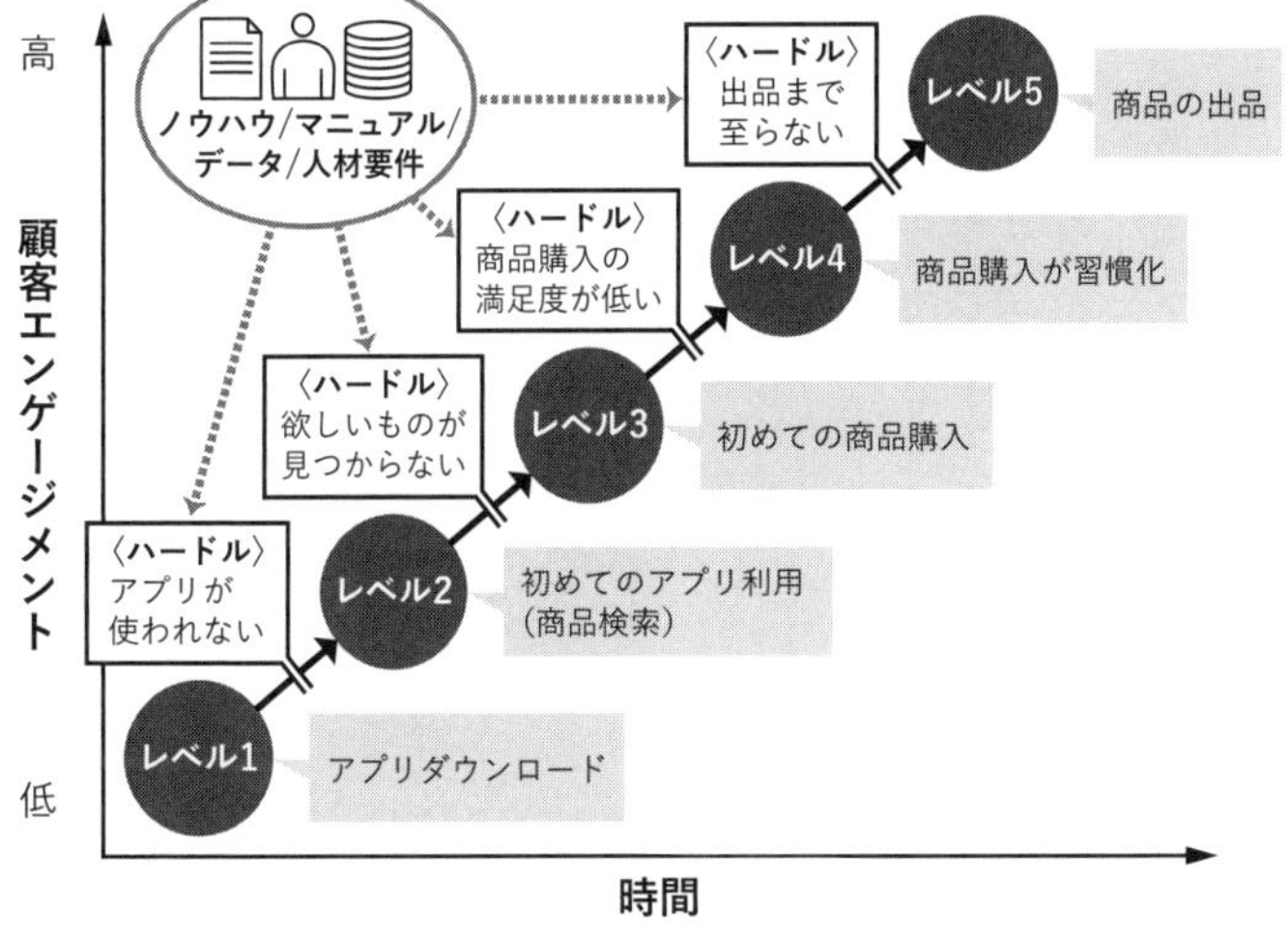

あります。つまり、中古船を購入した顧客に対し、売って終わりにならないような施策を考えましょう」

山田「では、UXの改善策は、どのようにして考えればいいのですか？」

田所「**UXを時間軸に沿って要素分解してみると、改善すべき要素を見つけやすくなります。**

この図（図表29）を見てください。UXは大きく分けると、4つから成り立っています。製品への期待を盛り上げる『利用前UX』、製品使用時の『利用中UX』、再び使ってもらえるように盛り上げる『利用後UX』、利用全体を通じて感じ取る『累積的UX』です。

これらをさらに細かく分けると、このようになります」

UXの時系列分類

①【利用前UX】出会い
②【利用中UX】期待に応える
③【利用中UX】負担を減らす
④【利用中UX】目的を達成する
⑤【利用後UX】おもてなし

⑥【利用後ＵＸ】再利用のきっかけ
⑦【利用中ＵＸ】ユーザーが熟達していく
⑧【累積的ＵＸ】ユーザーにリソースを投資させる
⑨【累積的ＵＸ】ユーザーの行動に対して報酬を与える
⑩【累積的ＵＸ】ユーザーに安心安全を与える
⑪【累積的ＵＸ】パーソナライゼーション
⑫【累積的ＵＸ】なりたい自分になる

山田「なるほど。この図（図表29）を見て気づいたのですが、弊社の中古船売買サービスの場合は、やはり、買った後、

図表29 UXの時系列分類

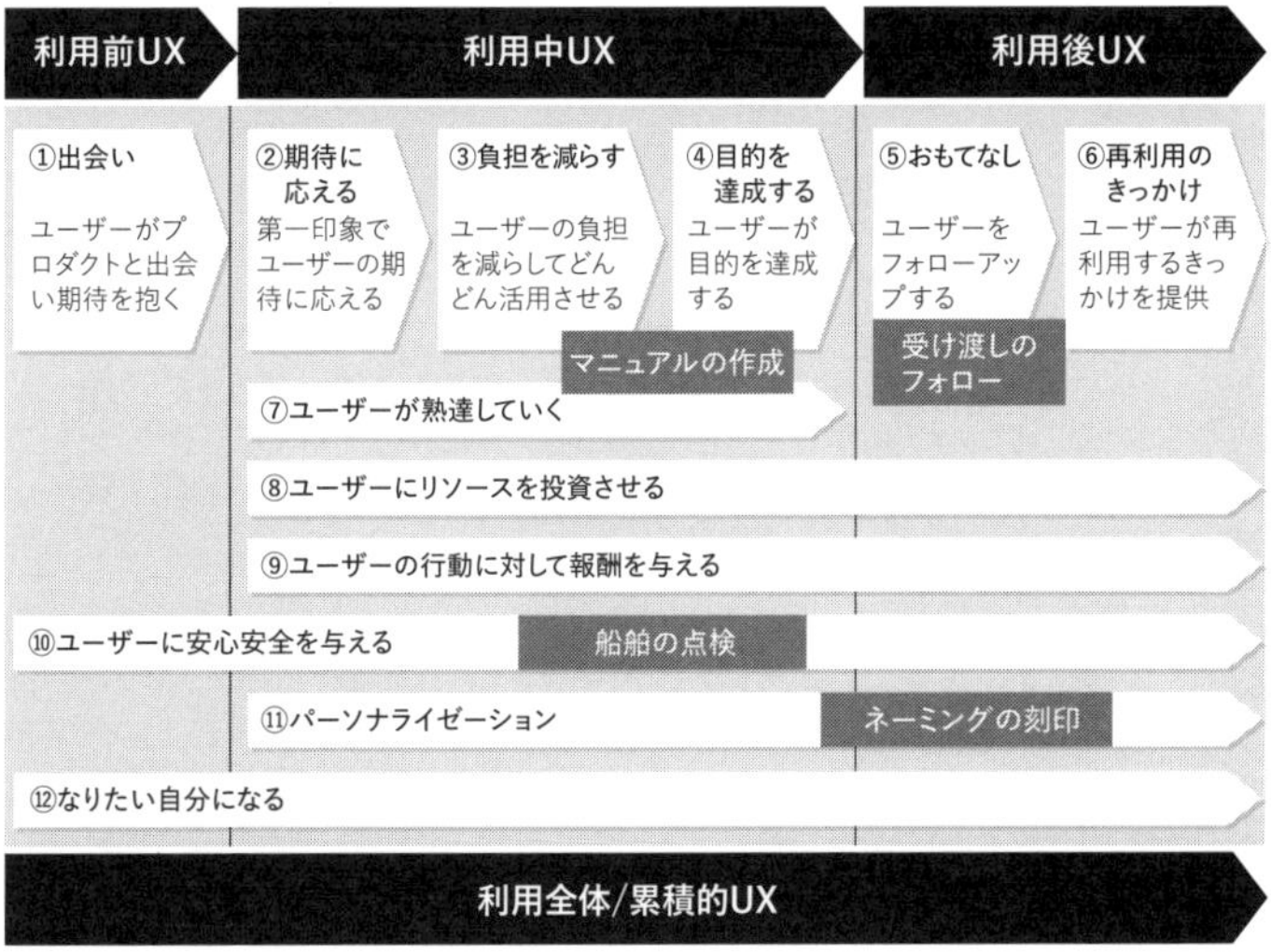

利用中や利用後のフォローがほとんど何もないので、定着していないという状態だったように思います。ユーザーのクレームの中で多かったのが、中古船を買ってすぐに不具合が生じたという声です。何か会社で補償するなどが必要かもしれません。」

田所「⑩の『ユーザーに安心安全を与える』施策ですね。確かに、補償できればベストですが、フィッシュマンが補償するは難しいのではないでしょうか？ 例えば、購入額に少し上乗せすることで、船舶点検を販売するのはいかがでしょうか？ いわゆるアップセルになりますしね」

山田「なるほど！ 船舶点検の会社と提携すれば、簡単にできますね」

田所「他にも、何か印象に残っている出来事はありましたか？」

山田「全く操縦方法がわからず、放置しているという漁師さんもいましたね。その人は結局、新しい漁船を購入したそうです。とても怒っていました」

田所「マニュアルなどを前の所有者に確認して作るとか、購入後に買い手が売り手から直接教えてもらえる時間を設けるなどの施策が必要そうですね。マニュアルの作成は、③の『負担を減らす』や、④の『目的を達成する』をサポートする施策と言えそうです。受け渡しのフォローは、⑤の『おもてなし』の一種ですね」

山田「あと、⑪の『パーソナライゼーション』関連ですが、ある漁師さんから、船体に自ら付けたネーミング（船名）を刻印したい、という要望もありました」

田所「なるほど、面白いですね。それも検討しましょう」

山田「では、①船舶の点検、②マニュアルの作成、③受け渡しフォロー、④ネーミングの刻印、この４つの施策を実施し、ユーザーの満足度を高めていきます！

　ところで、こういうUXを改善する施策が次から次へと出てきた場合は、どのようにして優先順位をつけていけばよいでしょうか？」

「施策ごとの費用対効果」を検証せよ

田所「そういう時は、**UX改善施策を費用対効果でプロット（配置）してみて、優先順位をつけていくのが有効**です」

山田「費用対効果って、どういうことですか？」

田所「この図（図表30）を見てください。縦軸では『インパクト』、横軸では『費用』を見ます。

　インパクトとは、つまり、UX改善の『効果』です。具体的には、『UX改善によって、どれくらいの〝5つの不〟が解消されるのか？』『ユーザーがこの改善されたUXに触れる頻度は?』、そして、『どれくらいの人数の人がこの機能を使うのか?』という3つの観点から、効果を測ると良いでしょう」

山田「なるほど。『5つの不の大きさ×使う頻度×使う人数』という3つの掛け合わせで、UXの改善効果を計測して、各施策をプロットする場所を決めるんですね」

田所「もう一つの費用軸は、改善施策の実装にどれくらいの費用がかかるのかを見積もります。その上でプロットすると、例えば、この図(図表30)のようになるのではないでしょうか。費用対効果の高い施策からやっていくのが、有効です。検証してみてください」

図表30 **UX改善施策の優先順位をつける**

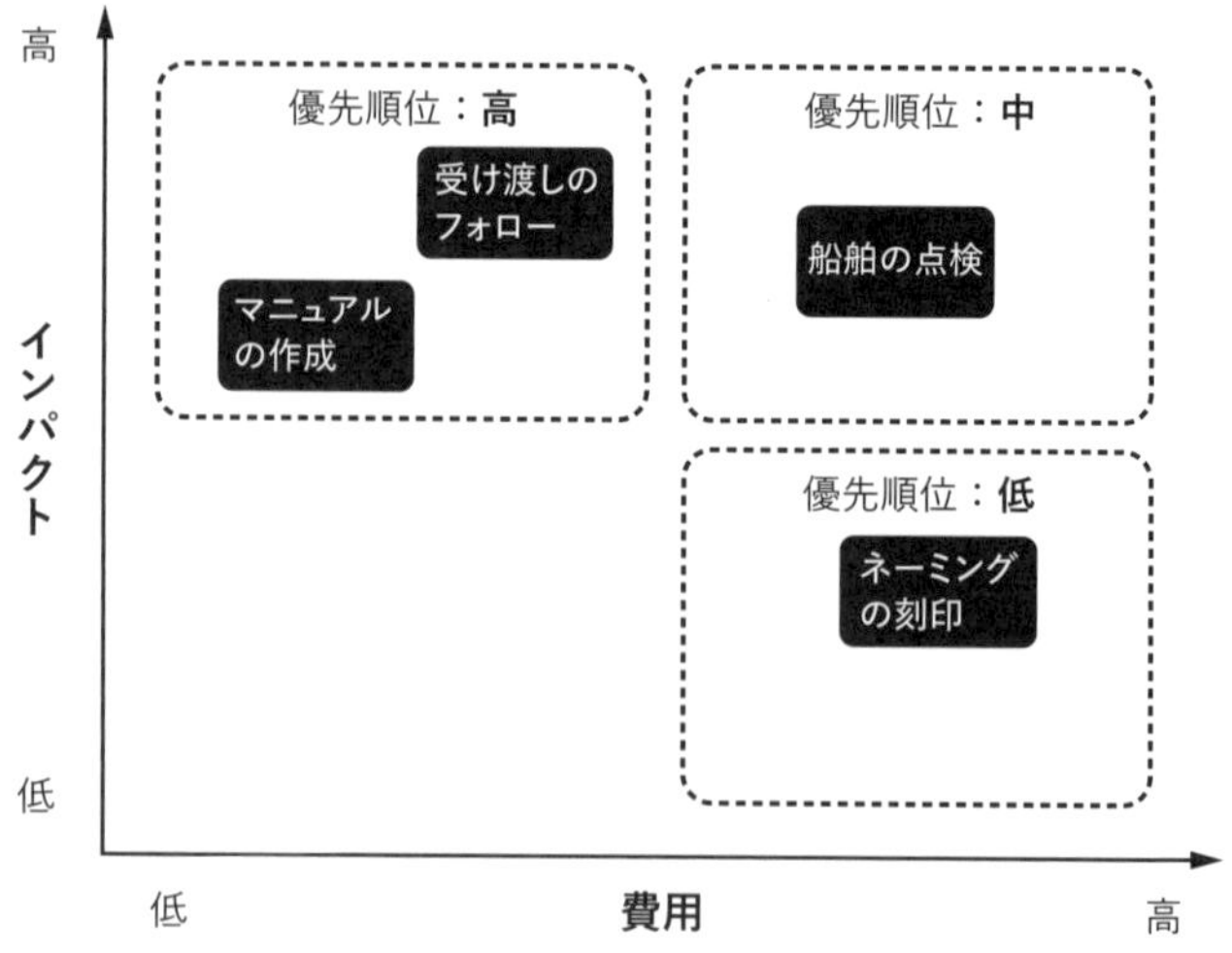

山田「なるほど、こうすることで、かなり整理ができますね。インパクトが大きくて、費用が比較的小さい施策から優先的にやっていくという感じですね」

田所「はい、おっしゃる通りです。またこうやって、優先順位や判断軸を明らかにすることで、意思決定をよりスムーズに行い、チーム内のコミュニケーションの齟齬《そご》を減らしていくことができます」

不満なユーザーから学べ

改めてUXの改善施策を洗い出した山田は、優先順位の高い施策を実施し、ユニットエコノミクスの健全化を目指すこととなった。その結果、ユーザーの満足度向上には貢献した。しかし残念ながら、熱狂的な顧客を作り出すまでには至らなかった。

山田は再び、田所のもとを訪れた。

• • • • •

山田「UX施策を試してはみたのですが、なかなかユーザーの満足度が高まりません。もうダメかもしれません」

もいると思います、その人たちの話を聞いていますか？」

山田「満足した人の話は聞いていますが、満足しなかった人の話はどうも訊きにくくて、話ができていません」

田所「新規事業においては、**『学びが重要』**という話を以前させていただきましたね。大事なことは、なぜうまくいったのか、だけでなく、なぜうまくいかなかったのか、から学ぶことです」

山田「なるほど、そこまでは考えが至りませんでした」

田所「一つ事例を紹介しましょう。山田さん、オイシックスって知っていますか？」

山田「はい。うちでも使っています」

田所「オイシックスは、この数年で最も伸びている家庭向けの食材宅配サービスです。買収などを経て、この5年で売上が5倍近く伸びたのです」

山田「5倍！　すごいですね」

田所「なぜ、ここまで成長できたのかというと、徹底的に顧客のインサイトを追求しているからだと言えるでしょう。オイシックスの会員を継続しなかった顧客にも、その理由は何だったのか、どんな商品の提案があればよかったのかなど、インタビューを実施しているそうです」

山田「なるほど。そうやって顧客と向かい合っているんですね」

田所「はい。商品やサービスに対しての『意見』を求めるのではなく、『日々の行動を訊く』そうです。何時に起きて、何時に家を出るのか。通勤時間はどれくらいで、何時に帰ってくるのか。料理はいつ誰が作り、誰と一緒に食べるのかなど、起きてから寝るまでの行動を家族全員分、徹底的に聞いて、お客様と向き合う。そのようにして、インサイトを見つけていくそうです」

山田「まさに、以前話していた、『意思ではなく行動を尋ねよ』ということですね」

田所「その一つの成果として、Kit Oisixというミールキット（下ごしらえした食材、調味料、レシピのセット）があります。定期購買をやめてしまいそうな客を中心にヒアリングをしたところ、『オイシックスは好きだけど、野菜を無駄にしてしまうので続けられない』という声が多く、そういう人に満足してもらうためにミールキットを始めたそうです」

山田「なるほど、参考になります。僕もさっそく現場に行って、なぜ続けるのか、なぜ止めてしまったのかをヒアリングしたいと思います」

第7章

山田さん、ついに「課題解決策」を見つける

「顧客エンゲージメント」を高める

山田は、さらに顧客ヒアリングを続けた。

・・・・・

山田「満足度の低いユーザー10人と、満足度の高いユーザー5人にヒアリングに行ってきました。そうしたら、面白い傾向が出てきました。

満足度の低いユーザーは、ただ単に購入しただけで終わったそうです。一方で、満足度の高いユーザーの5人中4人が、中古売買で他の漁師と知り合いになり、交流が増え、とても満足しているという回答でした。まぁ、中古船に関係はないですが」

田所「とても面白いですね。つまり、中古船の売買を通じ、人とのつながりを作ることのできた人は満足しているということになります。つまり、漁師にはつながりを求めるコミュニティのニーズがあるのかもしれません。

さらに、コミュニティを通じて、取引先の紹介を受けたり、何かを融通できたりしたら、さらに顧客エンゲージメントは高まるかもしれないですね。仮説を書いてみましょう」

コミュニティを実装せよ

山田「すいません。『コミュニティ』をどうやって作ればいいのか、イメージがさっぱり湧きません」

田所「コミュニティというのは、例えば『交流の場』を作ってあげるイメージです。漁師の皆さんはどんなツールでコミュニケーションしているのでしょうか？　漁師は、スマホは使わないはずでしたよね？」

山田「そうだったんですが、LINEは使っているみたいですね。LINEしか使わないとも言っていましたが。実際に、100人の漁師さんの利用状況を見ると、仕事ではほとんどLINEを使わないのですが、平均60歳オーバーの漁師の皆さんも、日常的なコミュニケーションではLINEが便利で活用しているみたいです」

田所「なるほど。それならば、LINEを使ったコミュニティ機能を追加するのはどうでしょうか？　これ（図表31）を見てください」

山田「LINEでコミュニティ機能？　そんなことができるんでしょうか？　全くイメージが湧きません」

田所「LINEには、公式アカウントやオープンチャットという、独自のトークルームを設定できる機能があります。

公式アカウントは、企業とユーザーのコミュニケーションに用いられます。一方、オープンチャットでは、ユーザー同士のコミュニケーションが可能です。トークルーム内で禁止するワードなども設定でき、コミュニティ運営には最適です」

山田「それは知りませんでした。さっそく、公式アカウントを作ってみます！」

図表31　カスタマーサクセスマップ③（顧客エンゲージメントを高める施策の検証）

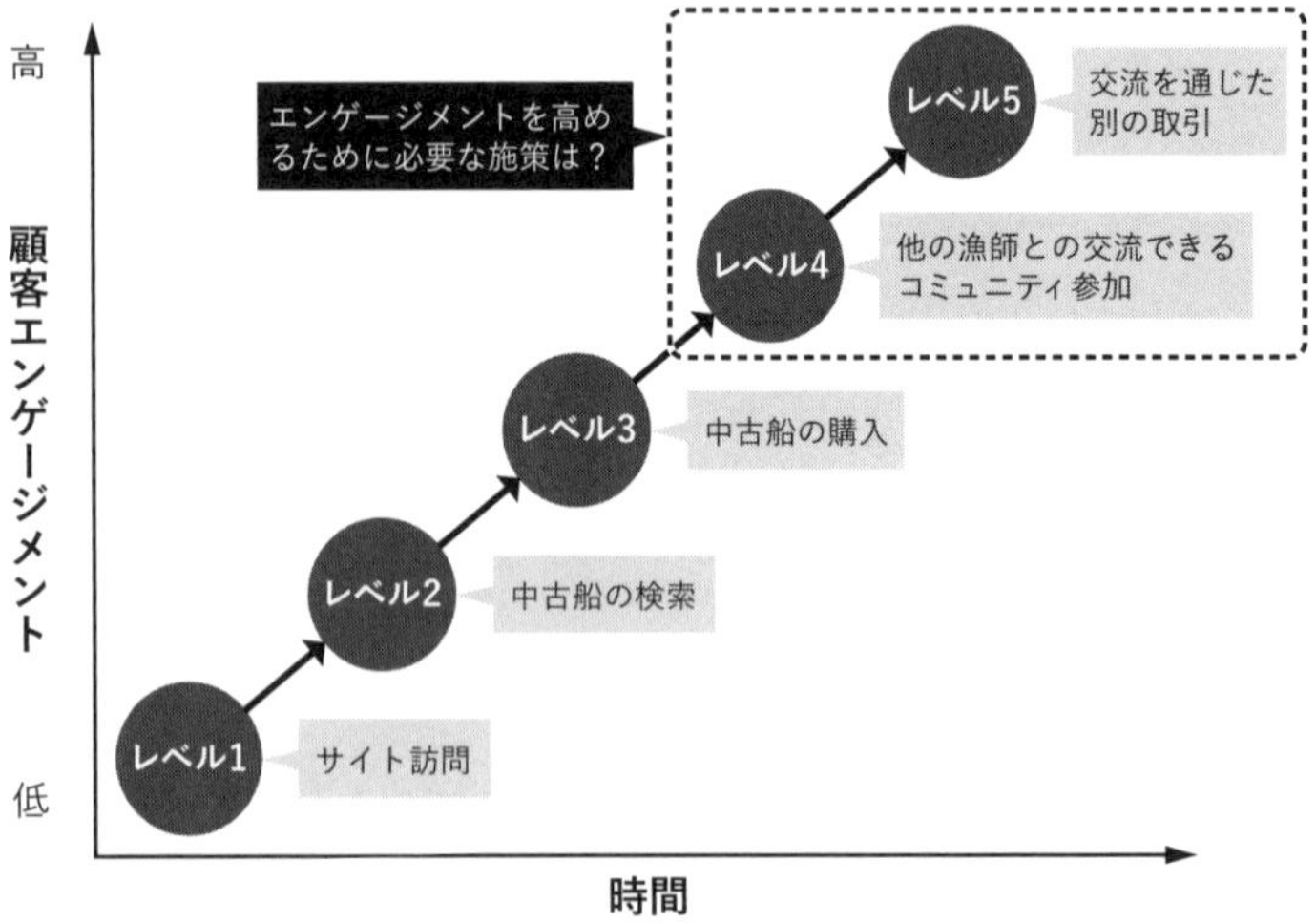

「勝ち筋の導線」を見つけよ

LINEのオープンチャットで作成した簡易的なコミュニティ「Fishman club」は、漁師界隈で話題となり、1ヶ月であっという間に会員数は500人になった。広告を打たずとも、その評判が漁師間のクチコミで広がったのだ。

・・・・・

山田「おかげさまでコミュニティには500人が登録してくれて、盛り上がってきています。そのうち、毎週コミュニティ内で活動する人が350人です。イベントにも100人以上が参加して、中古船の売買取引も13件成立しました」

田所「素晴らしいですね。ここで検証していただきたいのが、『どういう導線で、ユーザーが最終的な購入に至ったのか』ということです」

山田「どういうことですか？」

田所「『実際にコミュニティに登録した人や、イベントに参加した人が、そうしなかった人に比べて高い確率で購買に至っているか』を検証していただきたいということです」

山田「なるほど。実際の購入者に『どういう経緯で、購入に至ったのか』を聞いてみます」

田所「**顧客エンゲージメントを高める『勝ち筋（良いパフォーマンス）の導線』を見つけることが重要**なので、検証してみてください」

山田「了解しました」

・・・・・

・・・・・

翌日、山田は分析結果を持って田所のオフィスを訪問した。

山田「分析してみたら、色々と発見がありました」

田所「ほう、どんな感じでしたか？」

山田「購入したユーザーは3つのパターンに分かれました。

　コミュニティにも参加してイベントに参加して購入した人が6人、

　コミュニティには参加してイベントには参加せずに購入した人が4人、

　コミュニティにもイベントにも参加せず購入した人が3人、

　でした」

田所「なるほど、ここから得られる示唆は何でしょうか？」

山田「はい、コミュニティに参加して、イベントに参加した人が高い割合で、購買に至っているということです（120人中6人なので5％）。一方で、コミュニティにも参加していない人の購買率は非常に低いということです（9500人中3人なので0・03％）」

田所「はい、非常に良い点に気がついたと思います。**このサービスにおける重要な先行指標は、イベントに参加させることである**、ということですね」

山田「先行指標って、何ですか？」

田所「購買に至り、売上が立つというのは、この事業の結果指標ですね。そこに至

図表32 **カスタマーサクセスマップ④（「勝ち筋の導線」の検証）**

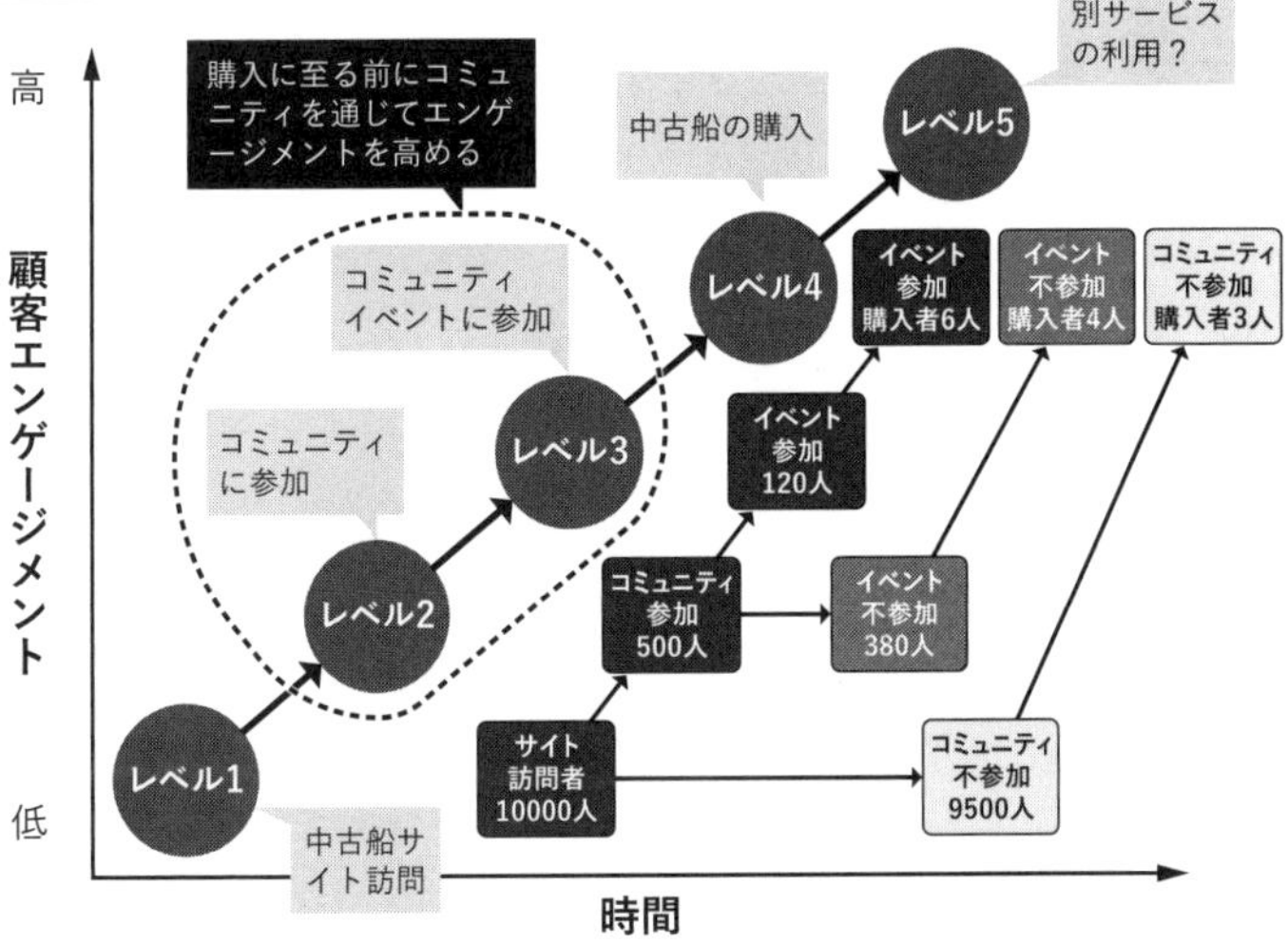

るまでの先行ステップにおいて、注力するべき指標ということです」

山田「なるほど」

田所「これを改めて、カスタマーサクセスマップで表現すると、この図（図表32）のようになります。先に立てた仮説としては、『購入してから、コミュニティに入会させるのが良いのでは？』と考えていましたが、逆ですね。

フィッシュマンのウェブサイトに来た人に、まず、とりあえず情報交換できるコミュニティに入会してもらう。コミュニティ内で顧客との接点をたくさん作り、イベントに参加してもらう。そして、顧客エンゲージメントが高まってから、中古船売買の導線に持っていく、といった感じでしょうか」

山田「なるほど、最初に考えていた仮説が、ここでも覆りましたね。

最初の仮説では、船舶を購入した人をコミュニティに登録させるという導線を考えていましたが、有効なのはその逆で

新規事業でハマりやすいワナ ㊿

勝ち筋に向かうための「先行指標」を検証しない

売上や利益などの結果指標は重要だが、そこだけ見ていても勝ち筋（良いパフォーマンス）に向かうための示唆を得ることはできない。その結果に至った要因である「先行指標」（259ページ参照）を分析・検証することで、何が要因で良い結果に至ったのかを見つけることができる。「なぜこのチャネルや導線が勝ち筋につながるのか」をきちんと言語化することが大事だ。

したね。つまり、コミュニティに登録させてから、中古船の購入に持っていくほうが、より有効な導線でした」

田所「はい。それは良い示唆ですね」

山田「はい。フィッシュマンのウェブサイトから、コミュニティへの参加を促すような導線を作ってみますね」

予期せぬ成功に注目せよ

それから3ヶ月、山田は、漁師たちのコミュニティへの参加を促すべく、試行錯誤を行った。

・・・・・

田所「3ヶ月くらい経ちましたが、いかがですか？」

山田「中古船の販売は、多少増えてきています。でも、毎月5件くらいしか取引がなく、成約率も低いです。ユニットエコノミクスも健全化できていません。プロダクト・マーケット・フィットは、まだまだ遠いみたいです。

ただ、ある気づきがありました。コミュニティのユーザー20人に『どういうサービスを使ってみたいか？』というインタビューをしました。すると、『船舶装置や漁船用機械の売買を行いたい』というニーズがあることがわかりました。既に非公式で個別に売買している漁師さんもたくさんいました。これも予測していない結果でした」

田所「**『予期せぬ成功に注目せよ』**を覚えていますか？　漁船の売買は、成約率は低いですが、単価が高い。一方、機械や装置の売買は、単価は低いですが、成約率が高い。２つ扱うとバランスがいいかもしれませんね」

山田「あと、『こんな無料のコミュニティがあって嬉しい』という声も多数ありました。この際、有料コミュニティにしてしまうというのはどうでしょうか。月額３０００円とかにすれば、結構儲かりますね！」

田所「当事業の目標はあくまでも中古船や機器・設備の売買手数料を収益として得るモデルですよね？　マッチングする前に支払いというハードルを設けてしまうのは良くありません。マッチングビジネスでは、売り手の確保がマスト（必須）です」

山田「なるほど……そこまで考えていませんでした」

田所「とりあえず、コミュニティは無料のままにし、商材として機器・設備を加えてみましょう。ただ、ここでも、いわゆる〝ニワトリが先か卵が先か〟のジレンマを解消するために、まずは機材と設備の出品者を集めてくる必要があります」

山田「はい。それは、今いるコミュニティメンバー500人に一人ひとりメッセージを送ってお願いしようと思います」

田所「はい。いいですね。最初はそうやって泥臭く動くことが非常に大事です」

山田「これまでUX改善とコミュニティ構築はやり切りましたが、なかなかプロダクト・マーケット・フィットの達成や、ユニットエコノミクスの健全化までは至りませんでした」

田所「はい。そこで今回、漁船の資材購入というステップを加えてみて、顧客エンゲージメントが高まるかどうかを検証してみる感じですね」

山田「はい、やり切ってみます！」

「PMF」を達成せよ

さらにそこから3ヶ月間、試行錯誤したところ、徐々にキーとなる数字が改善してきた。

・・・・・

山田「この3ヶ月、漁船の資材購入を追加した新たなビジネスモデルを実行してみたところ、高い成約率につながる勝ち筋が見えてきました。

この図（図表33）をご覧ください。フィッシュマンのウェブサイトを訪れた人がたどる3つの導線ごとに、NPSとユニットエコノミクスを計測してみました。その結果、『いかにして、ウェブサイトを訪れた人にコミュニティに参加してもらい、イベントに参加してもらうか』が、ユニットエコノミクスを健全化させるための重要な要因になっていることが判明しました」

田所「なるほど。勝ち筋がわかったのはいいですね。前にメルカリのケースでも説明しましたが、重要なのは『どうやったら、コミュニティに参加する人、イベントに参加する人、購入する人の割合を増やしていけるのか』です。そ

図表33 **NPSとユニットエコノミクスの検証**

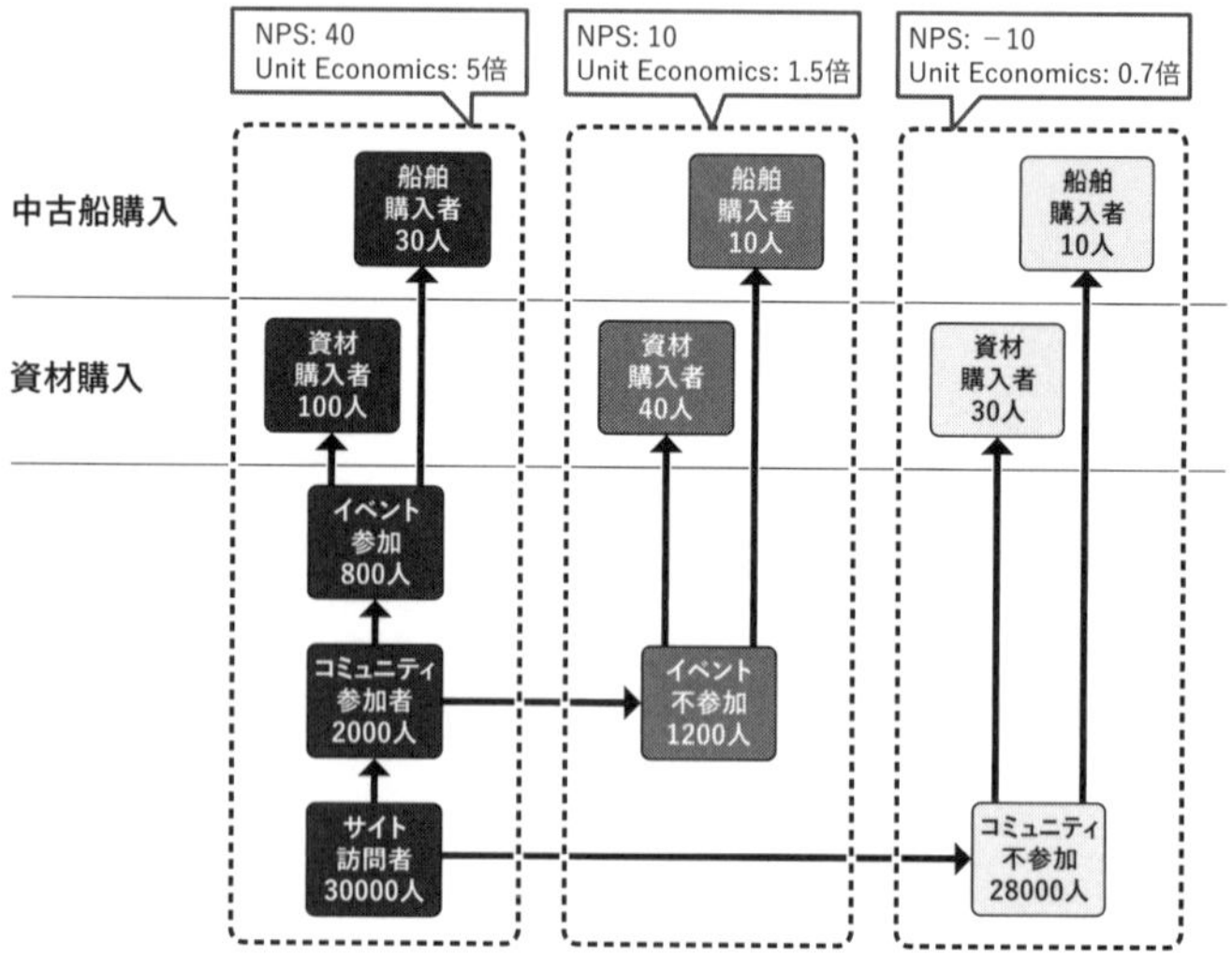

のオペレーションや施策を再現性のある形で、明確にできているかです。以前紹介した、MUJIGRAMを覚えていますか?」

山田「はい、覚えています」

田所「あそこまで徹底的にやる必要はまだないかもしれませんが、『どのようにすれば、顧客エンゲージメントが高まっていくか』を考え、そのオペレーション・施策・指標・人材要件などをまとめた『カスタマー・エンゲージメント・マニュアル（Customer Engagement Manual）』などを作成すると良いと思います」

山田「なるほど、了解しました。『どうやったら、顧客エンゲージメントが高まるのか』を整理してみます」

田所「ここで改めて、『プロダクト・マーケット・フィット（ＰＭＦ）とは何なのか』を解説したいと思います」

山田「『人が欲しがるものを作る』というのが、ＰＭＦを達成するということではないんですか?」

田所「ＰＭＦというのは、もっと広義に捉える必要があると思っています。私は**ＰＭＦ達成には4つの要因がある**と考えています」

山田「はい、ぜひ聞きたいです!」

田所「山田さんがおっしゃったように、まず1つめが**『ユーザーの欲しがるものができているか』どうか**です。人が欲しがるものができたかどうかの判断軸には諸説ありますが、いくつかの事例を紹介したいと思います。

最もよく知られているのが、米Qualaroo（クアラルー）の創業者であるショーン・エリス氏が考案した『ショーン・エリス・テスト』です。プロダクトを使っている顧客に対し、『このプロダクトがなくなったらどう思うか』を尋ね、40％以上のユーザーが『非常に残念』と答えたのであれば、そのプロダクトは今後も継続的に顧客を獲得できると判断する方法です。

これ以外にも、前に紹介したNPSを計測してみて、その改善幅を測ることも有効です。また、『どれくらいリピートしているのか』のような定着率を測ってみるのも有効です」

山田「なるほど。こういう指標があるんですね。さっそく、ユーザーに訊いてみます」

田所「2つめに、**PMFの要素として忘れてはいけないのが『再現性』**です。『カスタマーが欲しがる状態に向かう再現性が明文化できているか？』です」

山田「どういうことですか？」

田所「はい。顧客エンゲージメントの向上が、ラッキーパンチではなく、きちんと再現性があるかどうかを明確にしている必要があります。スタートアップは、属人性を排除して、スケールできるかどうかが、その成功の鍵になります。

この図（図表34）のようにカスタマーサクセスマップに則した『カスタマー・エンゲージメント・マニュアル』の作成などを行い、第三者から見てもわかるように、顧客エンゲージメントを高める術《すべ》が明文化されていることが重要になります」

山田「なるほど。ラッキーパンチではなく、きちんと再現性がある形にできているか、ですね。勉強になります」

田所「3つめが、『**勝ち筋の導線を見つけているか？**』ということです。少し前に、山田さんの事業において、勝ち筋の導線について一緒に検証しましたね。

図表34 **カスタマーサクセスマップ⑤（「再現性」の検証）**

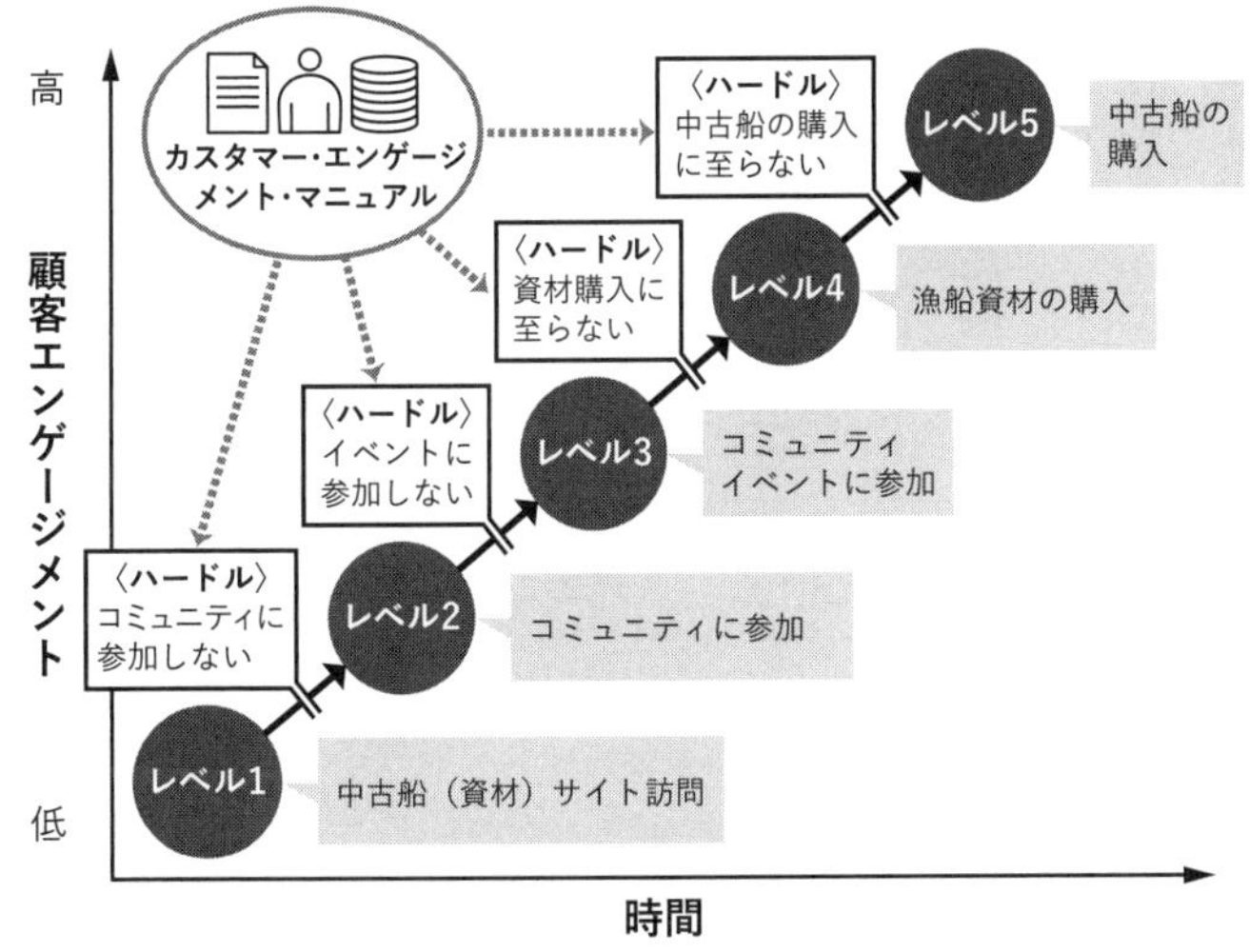

初期のスタートアップにおいて、５つも６つものチャネルで顧客獲得や顧客エンゲージメント向上を目指す必要はありません。山田さんが『コミュニティ参加↓イベント参加↓資材購入↓船舶購入』という勝ち筋を見つけましたね。『顧客の行動データに基づき、勝ち筋の導線の設計ができているか』が重要になります」

山田「なるほど。色々と検証した結果、勝ち筋が見えてきました。大変でしたが、やり切って良かったと思います」

田所「４つめが、**『ユニットエコノミクスの健全化が見えてきているか？』**です。人が欲しがるものができたタイミングというのは、ともすれば、ユニットエコノミクスが健全化されていない場合も多いと思います。しかし、今はそうであっても、重要なのは今後、ＰＤＣＡを回していくと、ユニットエコノミクスの健全化が達成できる蓋然《がいぜん》性が高いかどうかです」

山田「なるほど！　よくわかりました、ありがとうございます！」

「Why me?」を追求せよ

田所「山田さん、これまで、あなたは色々なハードルに直面してきましたが、どうにか、プロダクト・マーケット・フィットが見えてきましたね。これまでの山田さんの事業立ち上げの経緯を振り返ってみましょう」

山田「この1年間はまさにジェットコースターに乗っている感じでした。なかなかできない経験をした感じがします」

田所「この図（図表35）を見てください。『起業の科学』の各章で順番に解説した『①Idea Verification（アイデアの検証）→②CPF（課題の質を上げる）→③PSF（ソリューションの検証）→④PMF（人が欲しがるものを作る）→⑤Scale（スケールするための変革）』という道のりは、直線的に進むと思われがちですが、現実は異な

図表35　山田が挑んだ新規事業の経緯

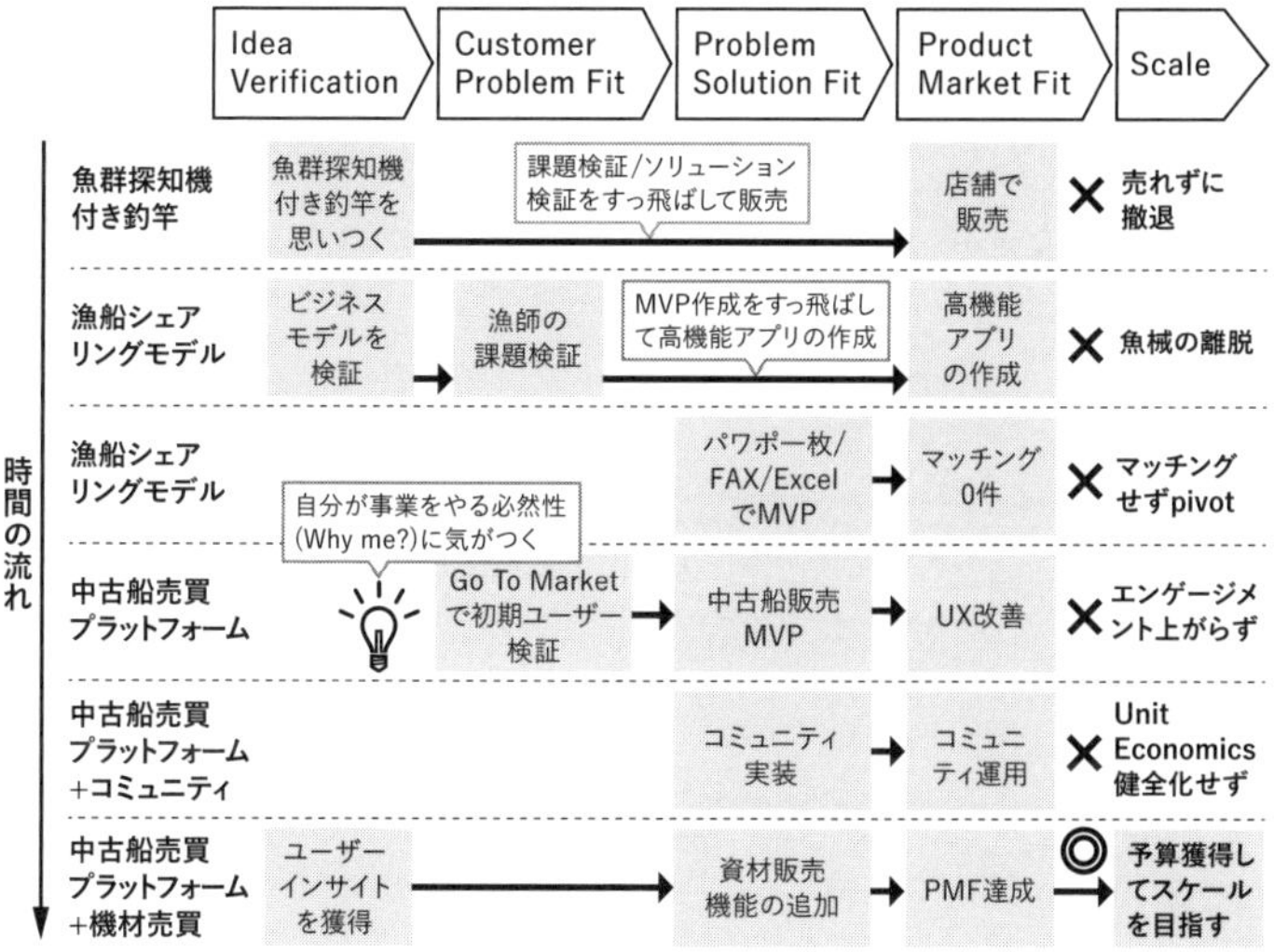

ります。山田さんが体験されたように、ピボットと仮説の修正を繰り返しながら、行ったり来たりしながら、少しずつ前に進んでいくのが実際です」

山田「まさに、そうでした」

田所「新規事業は、うまくいかないことの連続です。山田さんも経験されたと思いますが、十中八九の仮説や施策は的外れであったり、失敗に終わります。その中でも、ステークホルダー（上司や経営陣）からプレッシャーを受け続けます。さらに、途中でメンバーがやめるなど、思いもよらないアクシデントも起きてしまいます。

ただ、これらの事象で、新規事業担当者の『意思』が試されていると言って良いでしょう。どんなことが起きようが、顧客と向かい合い、やり抜けるかどうかがキーになります」

山田「確かに、『漁船のシェアリングモデル』がうまくいかなかった時に気持ちが落ち込み、事業を続けていくか、本当に悩みました。しかし、プロジェクトで、ターゲットユーザーである漁師さんへの『共感』、彼らの生活を良くしたいという『思い』、自分が生まれ育った港町の『原体験』を思い出しました」

田所「いわゆる『Why me?』、つまり『**なぜ、他の誰でもない自分がこのプロジェクトをやる必然性があるのか**』を言語化することができたからこそ、続けることができたのだと思います。

以前にも、『ファウンダー・イシュー・フィット（Founder Issue Fit）』の重要性についてお話ししました。つまり、『新規事業の責任者が解決すべき顧客課題に強く共感している』ことが、新規事業（スタートアップ）の初期のフェーズにおいては、プロダクト・マーケット・フィットの達成と並んで、非常に重要な要素になります」

山田「なるほど、勉強になります」

田所「**ファウンダー・イシュー・フィットをしていると、様々なメリットがあります。**

1つめが事業にかける思いを伝える力が強くなり、優秀なメンバーを巻き込めるようになります。2つめが顧客とより深く対峙できるようになり、インサイトが見つけやすくなります。3つめは、失敗や難局に直面してもやり抜く力をキープできます」

山田「よく理解できました！　ここまで来られたのも、田所さんのアドバイスのおかげでした！　来週、佐藤部長への報告会なので、今から準備してきます！」

第8章

山田さん、「事業計画」を立てる

「勝ち続ける仕組み」を実装する

田所のもとを訪れた翌週、山田は佐藤部長への定期報告会に臨んだ。

・・・・・

山田「ということで、プロダクト・マーケット・フィットへの道筋が見えてきそうです」

佐藤「そうか、よくわからんが、順調ということだね」

山田「はい、しかし、さらにこの事業を成長させるためには、より多くの社内予算を付けていただく必要があります」

佐藤「なるほど、わかった。それなら役員会に通す必要があるから、今後、事業計画と5年間の収支計画を立ててくれ」

山田「収支計画？　わ、わかりました」

・・・・・

山田はこれまで事業計画を立てたことがなかったので不安でいっぱいになった。そこで、再び相談しに田所のオフィスを訪れた。

・・・・・

山田「事業はおかげさまで順調にいっていますが、さらに加速するために、事業計画を立てる必要が出てきました」

田所「はい。事業は順調そうで何よりです。ＰＭＦの兆しも、見えてきそうですね」

山田「はい、でも事業計画って立てたことがなくて。そもそも、なんでこんなものを作る必要があるんでしょうか？　会社や上司を説得するためだけに作るなら、あまり意味がないかと思います」

田所「以前、佐藤部長から、事業計画を立てろと指示があった時は、まだ、アイデアしかなく、顧客もはっきりしていませんでした。ところが、ＰＭＦが見えている今は、事業計画を書くことができると思います」

山田「事業計画を作る意味って何ですか？」

田所「**事業計画を作るのには、3つの目的があります**」

事業計画作成の目的

①「今後、どの市場にどのようなビジネスモデルを掛け合わせて成長していくのか」（ビジネスロードマップ）と、「その成長過程を追うことができる指標」（マイルストーン）を明らかにして、実現させたいビジョン（未来像）の達成に向けた推進力を獲得すること

②「どのようにすれば、競争に勝ち続ける仕組みを作れるか」を言語化すること

③「そのビジョンとビジネスロードマップの達成のために必要なリソース」を明らかにし、予算投下の意思決定者の納得を得ること

山田「1つめのビジネスロードマップって、どうやって書くんですか？」

田所「**ビジネスロードマップ（Business Road Map）では、これから数年間にわたって、どの市場をターゲットにして、どのようなビジネスモデルを展開していくかを整理します。**

よくやる方法としては、今後ターゲットにしたい市場を縦軸に並べ、横軸にビジネスモデルを並べた上で、どこを何年後に攻めるかを明らかにしていきます。今回の山田さんの

プランであれば、おそらく、市場はA市やB県全域など、ビジネスモデルは機材売買プラットフォームや船舶売買プラットフォームなどになりますね」

山田「なるほど、それは事業計画を作成するための準備という位置づけでしょうか」

田所「そうですね。これをそのまま事業計画に活用できます。

また、自分たちが最初に攻めるべき『センターピン（初期市場）』の確認もできます。

以前にも説明した通り、自分たちが最初に勝負すべき市場とビジネスモデルの選定が非常に重要になります」

山田「了解しました。1時間ほど時間をください。カフェに行って書いてみます」

ビジネスロードマップを立てよ

1時間後、山田は、田所のオフィスに戻ってきた。

• • • • •

山田「こちら（図表36）をご覧ください。縦軸が市場（エリア）で、横軸がビジネスモデルになっています。

今年の1年めに関しては、シェアを取るというよりも、まず、『Go To Market』で定めたA市エリアでユーザー数を増やして、PMFを盤石なものにします。そして2年めに、B県全域へのエリア拡大を目指します。そして、3年め、4年めとさらにエリアを拡大していきます」

田所「この後継者マッチングプラットフォームとは、何ですか？」

山田「漁師さんにヒアリングしていると、皆さんが口をそろえて言うのが、後継者がいないということでした。一方で、漁師や水産業に興味を持っている若者も一定数いるとリサーチしてわかったので、この両者をマッチングするモデ

図表36 ビジネスロードマップ

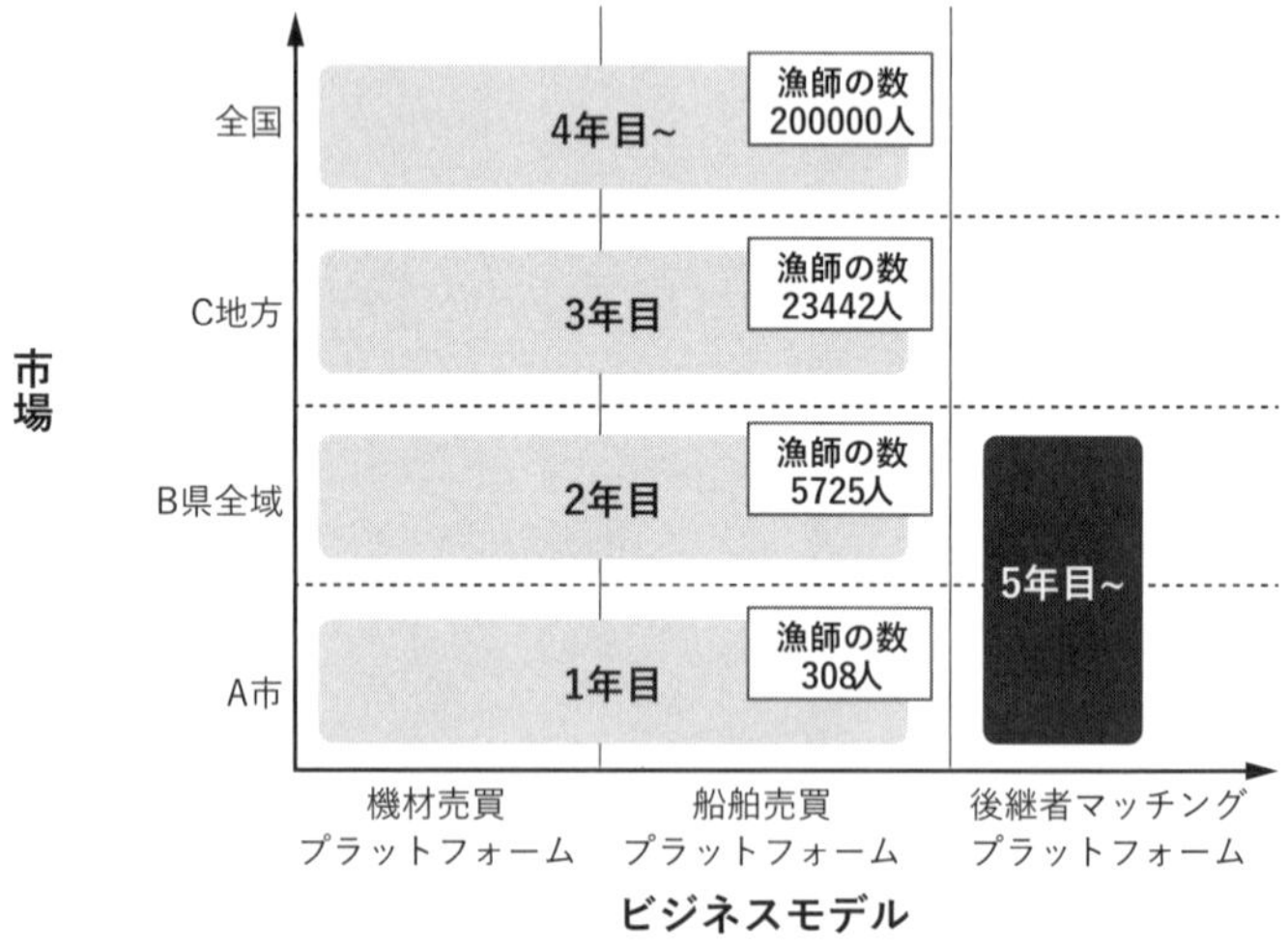

ルが有効なのではと思っています」

田所「なぜ5年めなのですか？」

山田「まずは、きちんと商圏を拡大して、収益を安定させることが大事だと思いました」

田所「それでは、これに**具体的なターゲットユーザー数を追加**してみましょう」

山田「ターゲットユーザー数というのは、各ターゲット市場で具体的に何人の漁師がいるのかということでしょうか？　承知しました。ところで漁師数は調べたらわかるのでしょうか？　全国の漁師数はわかっているのですが……」

田所「ちゃんとフェルミ推定しても良いですが、今回は人口と漁師数の比率で算出すれば十分だと思います。厳密には、内陸の県には漁師は少ないなどを反映したほうが良いとは思いますが」

山田「ということは、市、県、地方それぞれの人口を調べれば漁師数が算出できるということですね。こんな感じでしょうか？

全国の人口1億2709万4745人に対して、漁師数が20

新規事業でハマりやすいワナ㊾

狙うべき市場の試算をしない

「新規事業でハマりやすいワナ⑮」で「市場規模」を把握することの重要性を述べたが、事業計画を作成する際には、「自分たちが攻め込もうとしている市場にどれくらいのポテンシャルがあるか」をきちんと数字で表現して盛り込むことが大事になる。そうすることで、「その市場が攻めるに値する」ことを明確にするのだ。

万人。Ｂ県を含むＣ地方の人口は１４８９万６５１８人だから、全国と同じ比率で漁師がいるとすると、Ｃ地方の漁師数は２万３４４２人。同様に、Ｂ県の人口は３６３万８０００人だから、漁師数は５７２５人。Ａ市の人口は19万５６００人だから、漁師数が３０８人」

「持続的競合優位性」を確立せよ

田所「なるほど、そういうことですね。

では、ここで、重要な観点をお伝えします。事業計画を立てる時に、２つめの重要な要素として、**『競争に勝ち続けるための仕組みを作る』**というのを、先ほどお伝えしました」

山田「はい、そこが気になっていました」

田所「これを、**『持続的競合優位性（ディフェンシビリティ）』**と言います。私が２０２０年に書いた書籍『起業大全』（ダイヤモンド社）の83ページで、22のディフェンシビリティについて解説しました。今回は最も強力なディフェンシビリティの構築の仕方について解説したいと思います」

山田「はい！　お願いします」

田所「スタートアップ型の新規事業において、ＰＭＦを達成した後に事業をスケールさせていくことが重要だということは理解されていると思います。それに加えて、持続的競合優位性の構築が重要になります。ここでいう『持続的競合優位性』は、ただ『特許で自社の知財を守る』というより、かなり広範囲です」

山田「具体的な事例を教えていただけますか？」

田所「持続的競合優位性を生み出した特筆すべきケースとして、Amazonのカスタマーレビューがあります。Amazonは１９９５年にカスタマーレビューという仕組みを開始しました。別にレビューがいくら付こうが、会計上の資産としては計上されません。しかし、２０２１年現在、Amazonには数百億件以上のデータがあるとも言われています。このデータアセットがあることによって、Amazonのお買い物体験が向上します」

山田「僕もいつもAmazonでものを買う時にレビューを参考にしています」

田所「そういった買い物の時の良い体験というのが、Amazonにとっての最大の競合優位性になっています。重要なことは、他社がこの事業を模倣したり、似たようなモデルで追随したりしてきた時に、有利なポジションをキープするために必要な要素を作り上げることです。Amazonは２０２１年現在で、売上約40兆円、時価総額が約２００兆円という超巨大企業になりました。では、なぜそうなったのかというと、まさに、持続的な競合優位性を自社に実装していったからです」

山田「どうやって実装するんですか？」

「フライホイール」を書いてみる

田所「今回は『フライホイール（Flywheel）』というフレームワークを説明したいと思います。

フライホイールという名前は、クルマのエンジンなどに取り付けられる部品『フライホイール（弾み車）』からきています。ちなみに、部品としてのフライホイールには、回転を持続させたり、回転の速さを一定にしたりする効果があります。

こちら（図表37）は、Amazonの創業者であるジェフ・ベゾス氏がレストランのナプキンに書いたスケッチをもとにしています。

まず、低コストでビジネスを始めることで、商品の低価格化を実現します。それにより顧客のユーザーエクスペリエンス（UX）を高めます。満足な買い物ができた顧客は再び買い物をするので、全体として取引量が増えます。取引量の増加など、『成長の兆し』を『トラクション』と言います。結果として、参入する売り手が増えるので、品揃えが充実します。結果的に、選択肢が増え、顧客のUXはさらに高まることになります。

この『取引増↓売り手増↓品揃え増↓顧客体験向上』が一つのサイクルとして回り続けるというわけです」

山田「なるほど、すごいですね。これを創業当時に考えたんですね」

田所「2021年においてもAmazonの最大の強みの一つは商品数なので、この1994年に描いたフライホイールが実現されている感じです。1994年以降、Amazonは、このフライホイールをどんどん強化していくのです。

重要なのが、PMFの示唆が見えてきたタイミングで、こういう勝ち続けるためのモデルや仮説をきちんと可視化することです」

山田「なるほど、PMFの先を考えること

図表37 フライホイール①（Amazon）

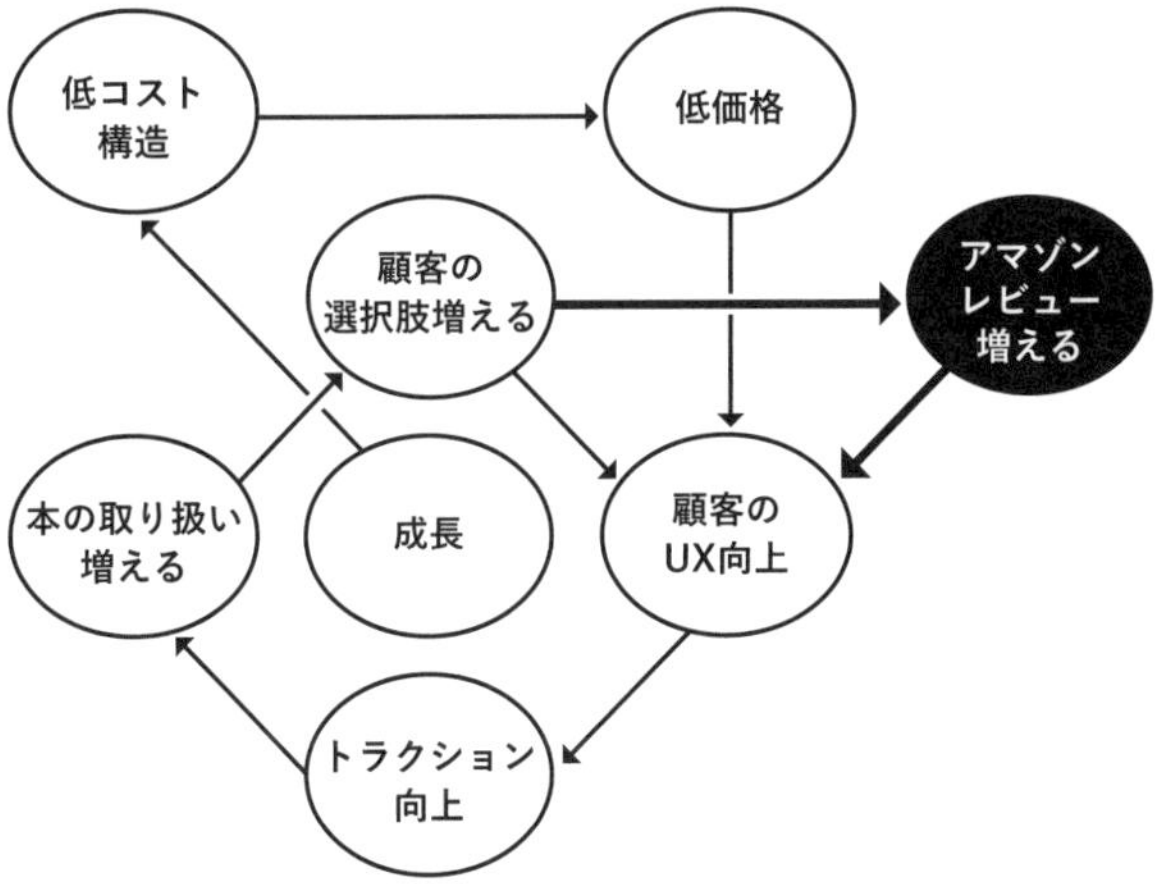

いうことですね」

田所「おっしゃる通りです。**ＰＭＦというのは、新規事業にとって重要なマイルストーンですが、ゴールではありません。**ゴールは、マイルストーンを達成した後に、勝ち続ける仕組みを実装して、その後に競合が参入してきても、負けないようにすることです」

山田「なるほど。勉強になります」

田所「その勝ち続ける仕組みが、先ほどお話ししたAmazonのカスタマーレビューです。それによって、Amazonのフライホイールがさらに強化されていくのです。つまり、『取引増↓売り手増↓品揃え増↓顧客体験向上』というサイクルに、『レビューが増える↓顧客体験向上』という要素が加わった形になります」

山田「なるほど、ポジティブなサイクルが加わって、事業が加速した感じですね」

田所「まさに、おっしゃる通りです。顧客体験を向上させるというポイントを軸にして、様々なポジティブな要素を組み合わせて、Amazonは事業をどんどん強固にしていきました」

山田「なるほど」

田所「仮に２０２１年にAmazonと全く同じサービスを始めた企業が、これからAmazonに勝てるかというと、なかなか難しいでしょう。なぜなら、カスタマーレビューの蓄積がないからです。Amazonは１９９５年にAmazonレビューを始めました。20年以上経って、商品レビューが世界で一番集まる場所になりました。

この競合優位性を、今後覆していくのは難しいでしょう」

山田「なるほど、Amazonの強さとすごさが少しわかった気がしました」

田所「初期（1995年）の頃から、『自分たちの競合優位性をどうやって高めるか』という議論をし、長期的な目線で投資を行っていたため、Amazonの今の地位があるといっても過言ではないでしょう」

山田「我々のビジネスモデルにおいても、『競合優位性をどうやって構築していくのか』を考える必要があるということですね」

田所「その通りです。まさに今やっている**コミュニティビジネスも競合優位性を築くことのできるビジネスモデル**です。『Winner takes all（勝者一人が市場すべてを支配する）モデル』とも言います。同じようなコミュニティはいくつもいらないですよね？　一度ちゃんとしたコミュニティを作ってしまえば、ユーザーも新しくできたコミュニティに移ろうなどと思わなくなります。

さらに、コミュニティの人数が増えてくると、『外部性ネットワーク』というのが効き出してきて、ユーザーがユーザーを呼び込む状態になります。そうなったら、そのコミュニティは一人勝ちします。まさにTwitterやFacebook、Instagramなどはそういう状態ですね。これも、持続的競合優位性の重要の要素の一つです」

山田「なるほど、勉強になります」

田所「では、この事業におけるフライホイールを一緒に書いてみましょう。この図（図表38）を見てください」

山田「なるほど！　こうやって動的に表現すると、どの要素が、どの要素と補完し合っているのかが、可視化されますね」

田所「はい。売買のマッチングビジネスにおいて、コミュニティが活性化することがどのようにポジティブに影響しているかを表現できていると思います」

図表38 フライホイール②（中古船売買プラットフォーム）

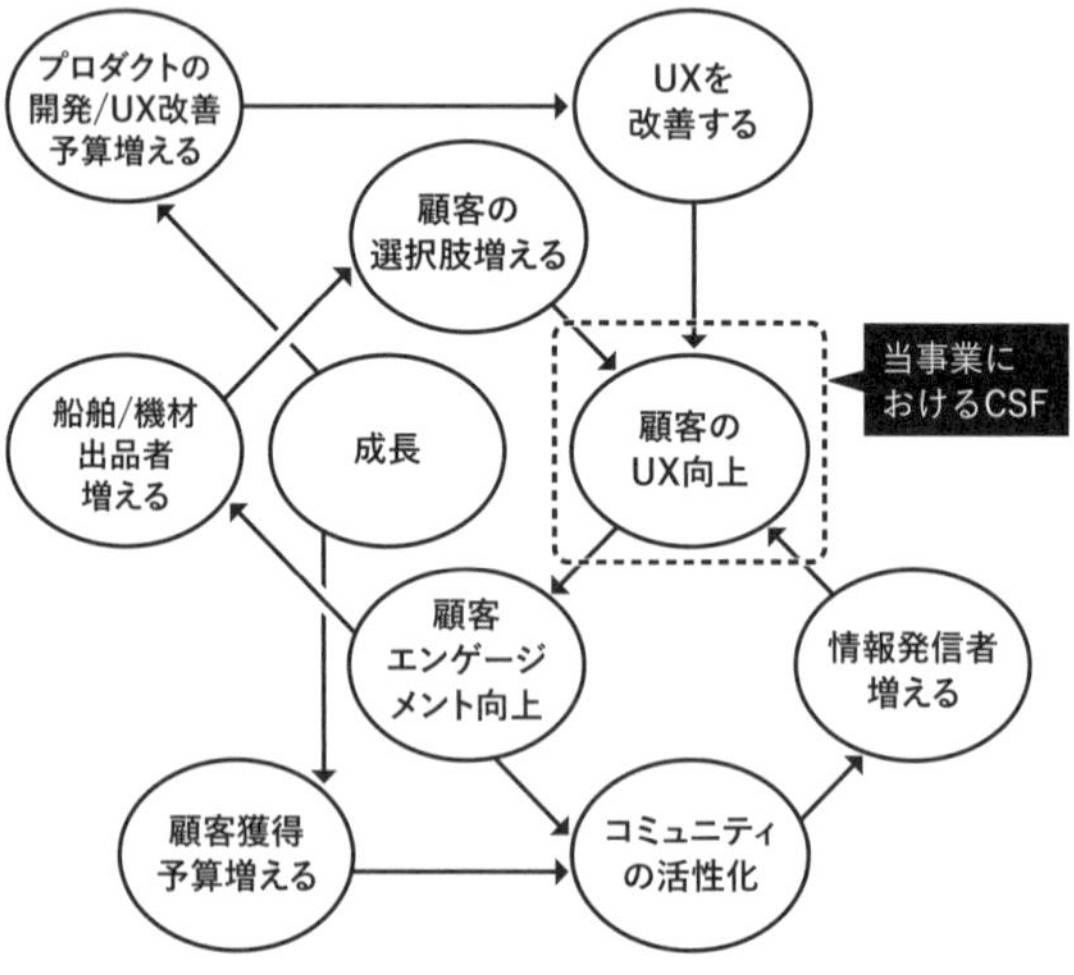

「CSF」を導き出す

山田「なるほど、よくわかりました。この『当事業におけるCSF』って何ですか？」

田所「CSFというのは、『Critical Success Factor（クリティカル・サクセス・ファクター）』の略です。**CSFとは、『主要成功要因』のことで、事業戦略を策定する際に、その目標・目的を達成する上で決定的な影響を与える要因のこと**です。この事業におけるCSFは『顧客のUX向上』ですね」

山田「確かに、こうやって書いてみると納得感があります」

田所「この『顧客UXの向上』を達成する上で、重要な先行要因が『プロダクトのUX改善』『コミュニティ活性化により情報発信者が増えること』『船舶と機材の出品者が増えることで顧客の選択肢が増えること』の3つですね」

山田「なるほど、この先行要因に注力することが、この事業の成功にとって重要なアクションということですね。よくわかりました」

田所「はい。こういう感じで、戦略の要諦（CSFとその先行要因）をわかりやすく明確にすることが、特にチームの人数が増えてきてからは重要になります。

このフライホイールもあくまで仮説ですが、**大事なのは、事実を見極めることよりも、『全員が納得する（腹落ちする）』答えを導き、行動に移していくこと**です。これを『**センスメイキング**』と言います」

山田「なるほど」

田所「このフライホイールの使い方として、新たな事業を構想する時に、『既にある事業との掛け合わせができるか』の検証に活用できると考えています。山田さんが、ビジネスロードマップ（278ページ、図表36）のところで構想した『後継者マッチングプラットフォーム』を『既存のフライホイール』と掛け合わせてみます。この図（図表

図表39 フライホイール③
（中古船売買プラットフォーム×後継者マッチングプラットフォーム）

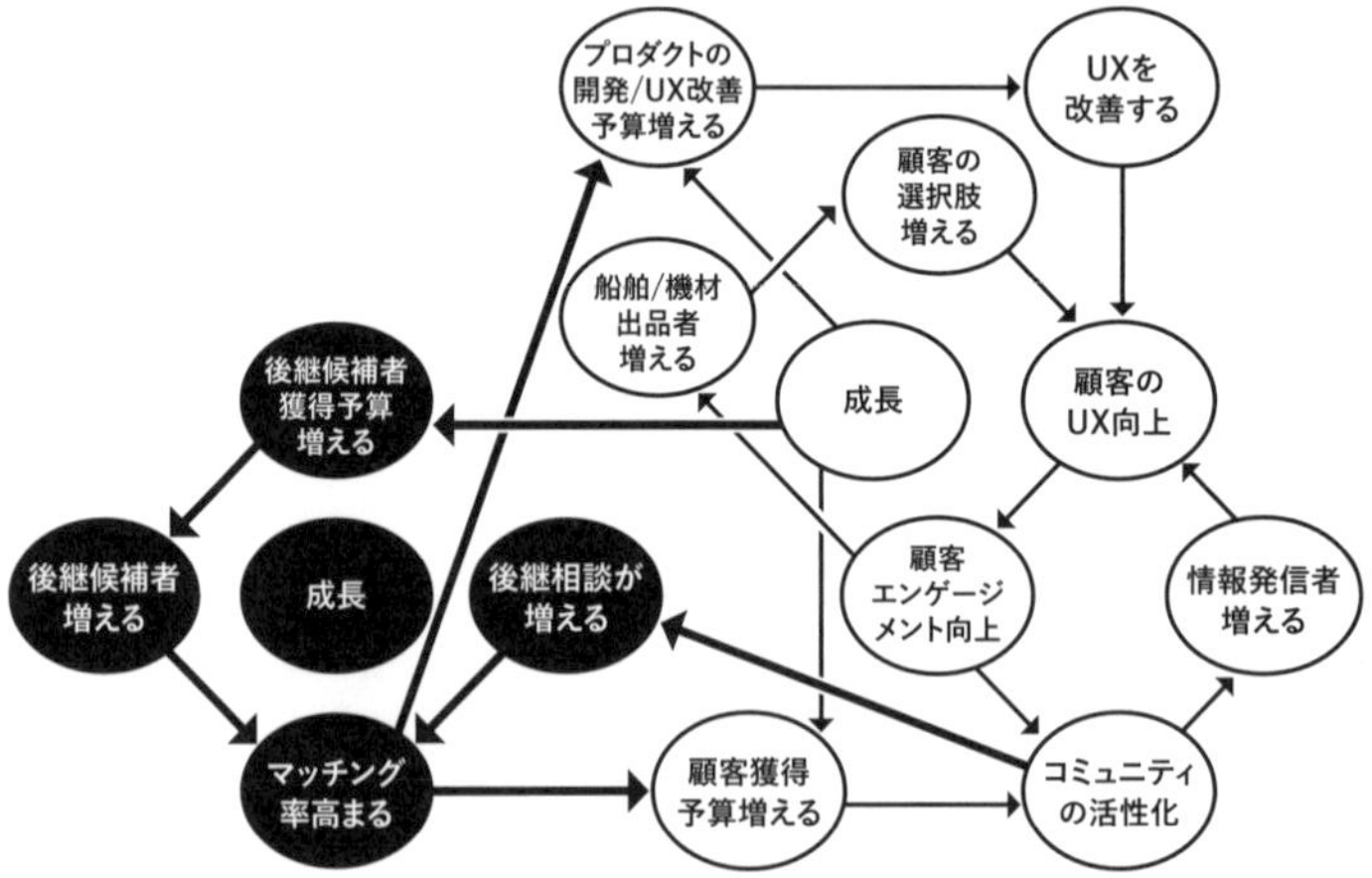

39）を見てください。コミュニティを活性化することによって、後継者問題の相談件数が増えることが想定できますね」

山田「なるほど。相談件数と後継者候補のマッチングなので、後継者候補をどんどん獲得すれば、マッチング率が高まり、事業として成り立ちそうです」

田所「このように、フライホイールを活用すると既存事業とのシナジーをダイナミック（動的）に検証できます。このように、**一見あまり関連のない事業同士のシナジーを見つけてつなげることも競争戦略として重要**になります」

山田「なるほど。後継者問題と漁船売買は、一見すると関係なさそうですが、我々のターゲットユーザーが抱える悩みや課題という意味で関連していますね」

田所「おっしゃる通りで、一見すると関係なさそうなものをつなげて、勝ち筋を見つけていくことが大事です。一橋大学の楠木建教授が書いた『ストーリーとしての競争戦略』（東洋経済新報社）という書籍にも同様のことが書かれています。

　要約すると、『多くの人は部分的にも全体的にも合理的で正しい戦略を選択肢しがちであるが、それは模倣と熾烈《しれつ》な競争を生み、結局のところ価格競争になり、Bad Endを迎えることになる。他社が真似できない戦略なんてないのだ。そのため、模倣したくないような一見変な戦略を目指す。もちろん、ただの非合理な戦略ではダメで、一見、非合理だが田所「仮説を検証して仮にうまくいかなくても大丈夫です。うまくいかないということを知ることで、仮説を一つ潰すことができた、一歩前に進めた、ということになります。つまり、一つ学習したということです。

また異なる仮説を立てて、検証すればよいだけです。**新規事業においては、仮説を何回検証できたかが、プロセスの進捗状況を表します**」

山田「なるほど」

田所「ユーザーの満足度を高めることは、一筋縄ではいきません。NPSが高い人はどのような点を評価しているのですか？　熱狂的な顧客がいるようであれば、なぜ熱狂的になったのかを考えることはとても重要です」

山田「なるほど、前回教えていただいたポイントですね」

田所「一方で、UXを改善しても顧客エンゲージメントが高まらないユーザーがいたら、なぜ高まらないのかを検証していく必要があります。購買に至らなかった人や、購買したものの、満足しなかった人

新規事業でハマりやすいワナ ㊿

施策を打つ時に費用対効果を考えない

新規事業では特に、リソースが限られている。だから、「どういう施策を打てば、どういう効果があるのか」をきちんと勘案して、開発や改善の優先順位をつけることが大事になる。そうすることで、無駄が減っていく。

全体的には合理な戦略を立てる必要がある』」

山田「どういうことでしょうか？　具体的な事例を教えてもらえますか？」

田所「はい。山田さん、スターバックスはご存知ですね。スターバックスはフランチャイズ方式ではなく、直営店方式で店舗を増やしていきました。

フランチャイズは、お店や土地を既に持っている人に仕入から店舗運営まですべて任せ、売上の一部をもらうという方式です。自ら土地やオーナーを見つけてくる必要がないため、出店スピードが速く、リスクも少ない。一方、直営店方式は土地もオーナーも自分たちで用意し、店舗

新規事業でハマりやすいワナ ㊸

「センスメイキング」を軽視する

早稲田大学の入山章栄教授は、『世界標準の経営理論』（ダイヤモンド社）の中で、センスメイキング理論のことを「組織のメンバーや周囲のステークホルダーが、事象の意味について納得（腹落ち）し、それを集約させるプロセスをとらえる理論」と説明し、**「センスメイキング」に「納得（腹落ち）」という訳語を当てている。**

新規事業は、まだ誰も見たことのないプロダクトやサービスを生み出そうとする挑戦である。そのため、客観的に見たら不可能に思えてしまうかもしれない。そんな**壁を破るには、ともに新規事業に挑むメンバーの「センスメイキング」が欠かせない。**

事業計画を作成する際には、「計画が実行に値する」と全員が納得する意味（ストーリー）を提示し、メンバーが行動に移せるようにしていくことが重要である。まずは「できる」と思い込むことで、当初は不可能と思えたことの実現が可能となる。この思い込みこそ、「センスメイキング」に他ならない。

運営も自ら行うため、リスクが大きい」

山田「一見すると、スタバの出店戦略は非合理ですね」

田所「はい。部分的に見たら非合理ですが、全体で見たら合理的だったのです。スタバはご存知の通り、コーヒーではなく、安らげる空間としての『サードプレイス』（自宅でも職場・学校でもない第三の居場所）を提供する企業であり、その全体の戦略から見れば、直営店方式は合理的な戦略でした。

つまり、直営だからこそ、内装や空間、店員のコミュニケーションガイドラインをきちんと統一することができました。結果として、安らげる空間を提供でき、スターバックスは日本でも大きく流行りました」

山田「なるほど、よく理解できました」

事業計画へ落とし込む

田所「このモデルとビジネスロードマップをベースにして、5年間の収益計画を書いてみましょう。ただ、その前に大事なことは、この事業のビジネスモデルを因数分解してみることです」

山田「因数分解ですか……。なんとなくわかるのですが、そもそも、なぜ分解する必要があるのでしょうか？」

田所「『売上高を上げる』『流通総額を上げる』というレベルのままだと、『じゃあ、どうすればいいの？』というHowが見えてこなくないですか？　事業計画を立てたとしても、何をやるべきかが明確になりますか？」

山田「確かに……なりませんね」

田所「**何をすべきか、すなわち、最も効果的な施策を考えるためには、問題の『ツボ（ボトルネック）』を特定する必要があり、そのためにMECEになるように要素分解していく必要がある**のです」

山田「要素分解というのは、ロジックツリーのことですよね？　あれって、自分で作ろうとすると手が止まってしまいます……」

田所「MECEって覚えていますか？」

山田「漏れなくダブりなく、ですよね。ただ、MECEで分けようと思えば思うほど、どうやって分解してよいかわからなくなるんですよね……」

田所「フレームワークを使えるところは使ってサクッと分け、頭をひねるところは時間をかけて考えるという具合に、濃淡をつけると良いです。CtoCのマーケットプレイスの売上高は『取扱高（GMV）×テイクレート（Take rate)』に分けられますが、これはフレームワークの一種です。覚えておくと良いでしょう。GMVは『Gross Merchandise Volume（グロス・マーチャンダイズ・ボリューム）』の略です」

山田「すいません。テイクレートとは、何でしょうか？」

田所「『取引手数料率』のことです。メルカリの場合でも、商品が売れたら10%の手数料を取られますよね？『売れた金額×10%』が取引手数料となり、これがメルカリの売上になります。つまり、『売上高＝取扱高×テイクレート』になります」

山田「取引手数料は、これ以上分けられない気がします。一方、取扱高は『取引数×平均取引単価』ですね」

田所「はい」

山田「次に、取引数はマーケットプレイス内でどれだけものが売買されたかなので……マッチング率が関係しそうですが」

田所「そうですね。マッチング率と、商品掲載数に分けてみると良いと思います。結局、取引数の上限は売り手が商品を掲載した数で決まるという点もポイントですね」

山田「なるほど。商品掲載数をさらに分解すると、『ユーザー当たりの平均掲載数×コミュニティ登録ユーザー数』ですね。

田所「ここまでの因数分解を図で表現すると、この図（図表40）のようになります」

山田「ここまで買い手の数が出てきていないですが、これはこれで大丈夫なんですよね？」

田所「とても良いポイントです。買い手の数は、マッチング率に影響を及ぼします。たくさんいたほうが良いですが、因数分解の要素の一部ではありません。買い手の数の増加策は、マッチング率を上げるための施策のうちの一つになりますね」

山田「なるほど！　とてもよく理解できました。」

田所「加えて、アクティブユーザー数の

図表40「売上高」を因数分解するロジックツリー

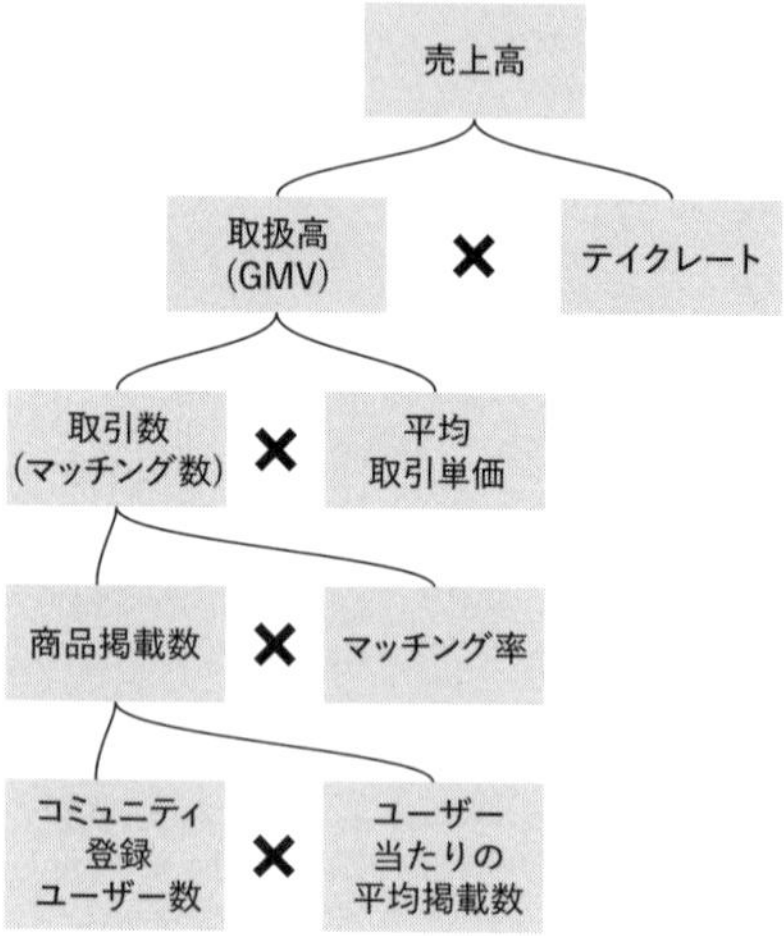

『アクティブ』の定義が必要ですね。ただ単に、ウェブサイトにきただけでなく、『コミュニティに参加』『イベントに参加』などをアクティブと定義していいかもしれません。以前聞いた話では、顧客エンゲージメントが一気に高まるきっかけは『コミュニティに参加』『イベントに参加』ということだったので」

山田「はい。コミュニティのイベントに参加したユーザーが商品掲載してくれる確率は、参加しないユーザーと比べて、断然高かったです」

田所「このように、各要素を分解していって、『アクション可能』な単位にしていくことにより、全体のボトルネック

図表41「売上高」を上げるためのアクション

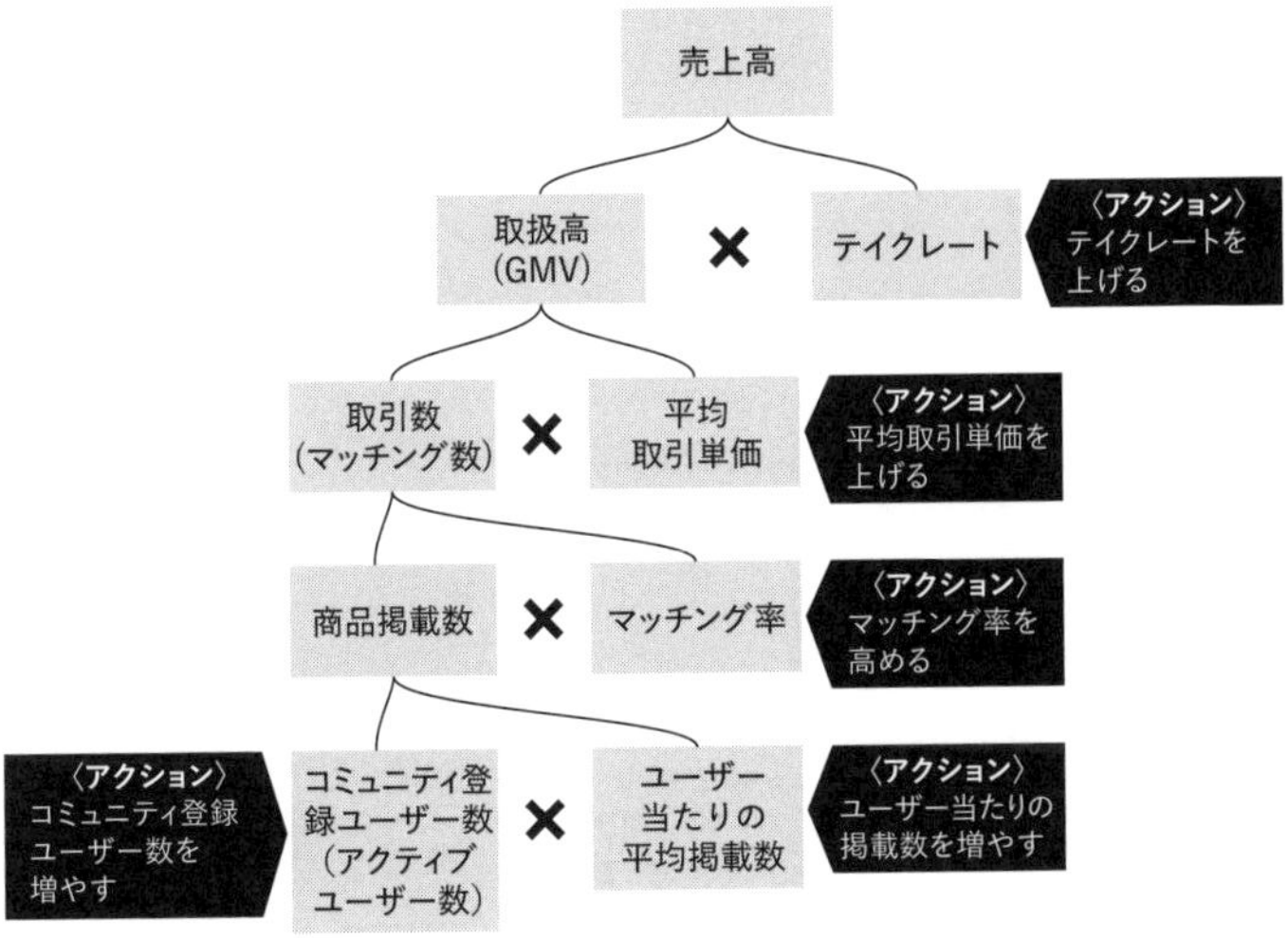

がどこにあるかを明確にすることができ、必要な施策やオペレーションの解像度が上がります」

山田「なるほど。こうやるとアクションしやすくなるということですね」

田所「例えば、今回は漁船や装置・機械なので、購入者と売却者が互いに離れた場所にいると、マッチング率が下がると思います。なので、最初は地域を絞ってA港からスタートすることは、マッチング率を上げることに寄与しますよね。それぞれの数字に対して、どのような施策が考えられるかを書いてみました。この図（図表41）を見てください。

　繰り返しますが、重要なのは、アクション可能なレベルに分けるということです」

山田「なるほど、ただ単に『売上を上げろ！』と言われても、具体的なアクションにどう落とし込んだ

新規事業でハマりやすいワナ ⑭

アクション可能なレベルにＫＰＩを分解しない

ＫＰＩとは、「Key Performance Indicator（キー・パフォーマンス・インディケーター）」の略で、「重要業績評価指標」とも言われる。事業の成功に欠かせない重要な因子を明確にするためのものだが、メンバーがそのＫＰＩを見たら、「どういったアクションをするべきか」という施策の仮説が立つレベルまで、分解することが大事になる。

例えば、「売上を上げる」というＫＰＩを設定していても、アクションが明確にならない。「売上」を分解して、少なくとも、「顧客単価」を上げるのか、「顧客数」を増やすのかを決める必要がある。前者なら、値上げすることになるし、後者なら、広告を打つことになる。

らいいかわかりませんね」

田所「**『アクション可能なサイズに分けること』で問題の半分は解決されたと言って良い**でしょう」

山田「悶々《もんもん》と仕事をしていたのは、適切なＫＰＩ（Key Performance Indicator：重要業績評価指標）が設定できていなかったからかもしれません」

田所「『悶々と悩むこと』と、『アクション可能なサイズに課題を分解して、その中で優先順付けをして、どうするべきか考えること』は違うということです」

山田「肝に銘じておきます」

ＰＤＣＡは「Check」から作る

田所「起業家や新規事業担当者は基本的に行動力がある人が多いので、『Do』をやりがちです。結果として、ＰＤＣＡサイクルではなく、ＤＤＤＤサイクルになってしまいます。

ただ、前にも言ったように、初期のスタートアップ型事業において大事なのは、プロダクト・マーケット・フィット（ＰＭＦ）を見つけるために、仮説構築して仮説検証することです。検証、つまりＰＤＣＡの３つめ『Check』が大事になるのです。山田さんがこのように要素分解をして、事業の重要な因子（KPI）を明らかにすることは、PDCAのCを設計していることに他ならないのです」

山田「なるほど」

田所「それでは、売上側ができましたので、コスト側を加えてみましょう。こうすることで、『利益』を因数分解できます。

　この図（図表42）を見てください。大きなコストとしては、人件費と顧客獲得コスト、それと、その他の間接費用といった感じでしょうか」

山田「なるほど。こうやって、すべてツリー状に展開するとわかりやすいですね」

図表42「利益」を因数分解するロジックツリー

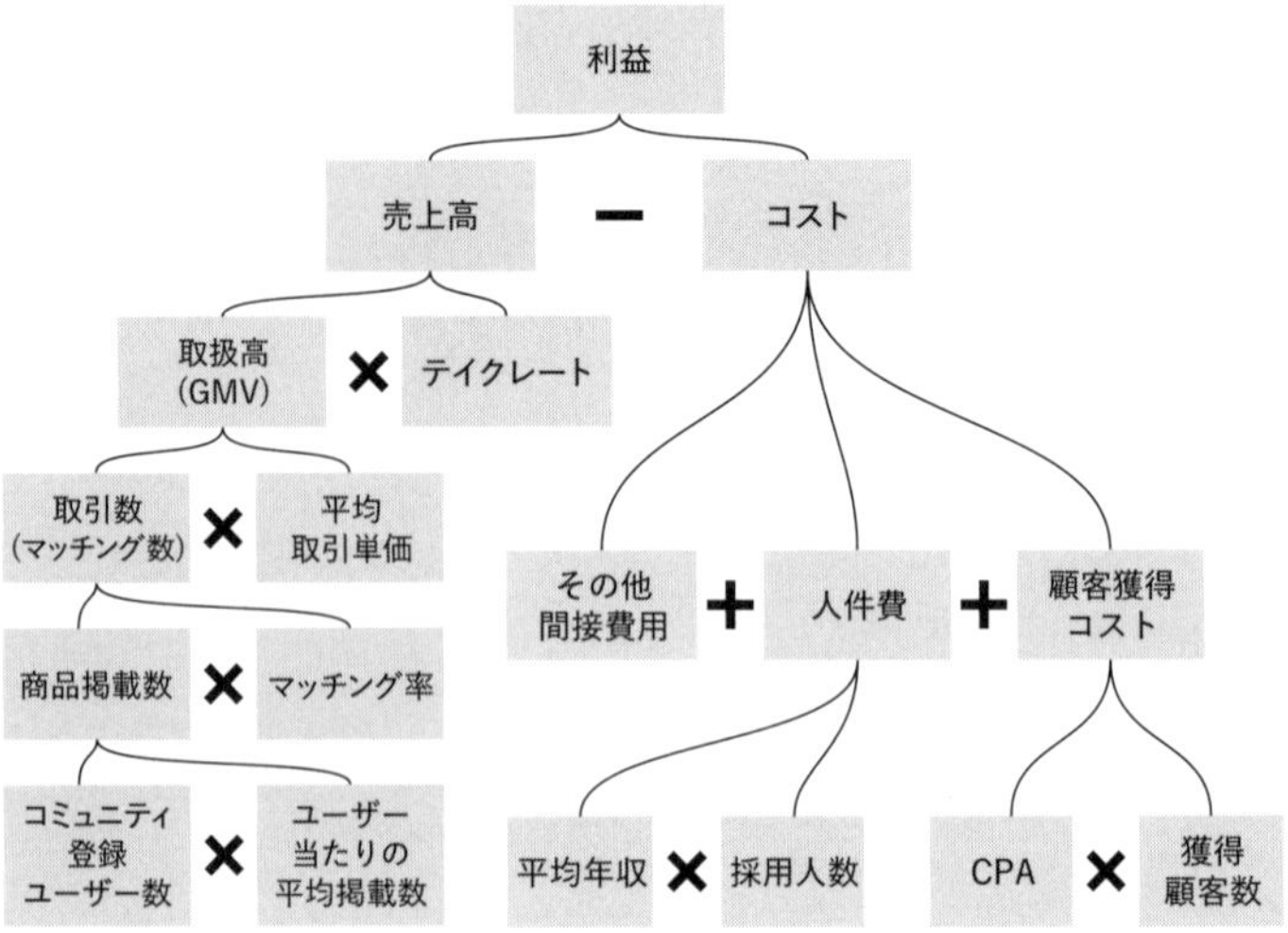

田所「はい。このように展開すると、全体の中でどこがボトルネックなのかを発見して、そこに対してリソースを投下することができます」

山田「ボトルネックの発見？　どういうことですか？」

ボトルネックを見つけよ

田所「**『制約理論』**という、**ボトルネックに関するセオリー（学説）**があります。これは**『どんなシステムや事業であれ、常に、ごく少数の要素または因子によって、そのパフォーマンスが制限されている』**ということです」

山田「わかりやすく説明してください」

図表43 ボトルネック（制約条件）に対応することによる変化

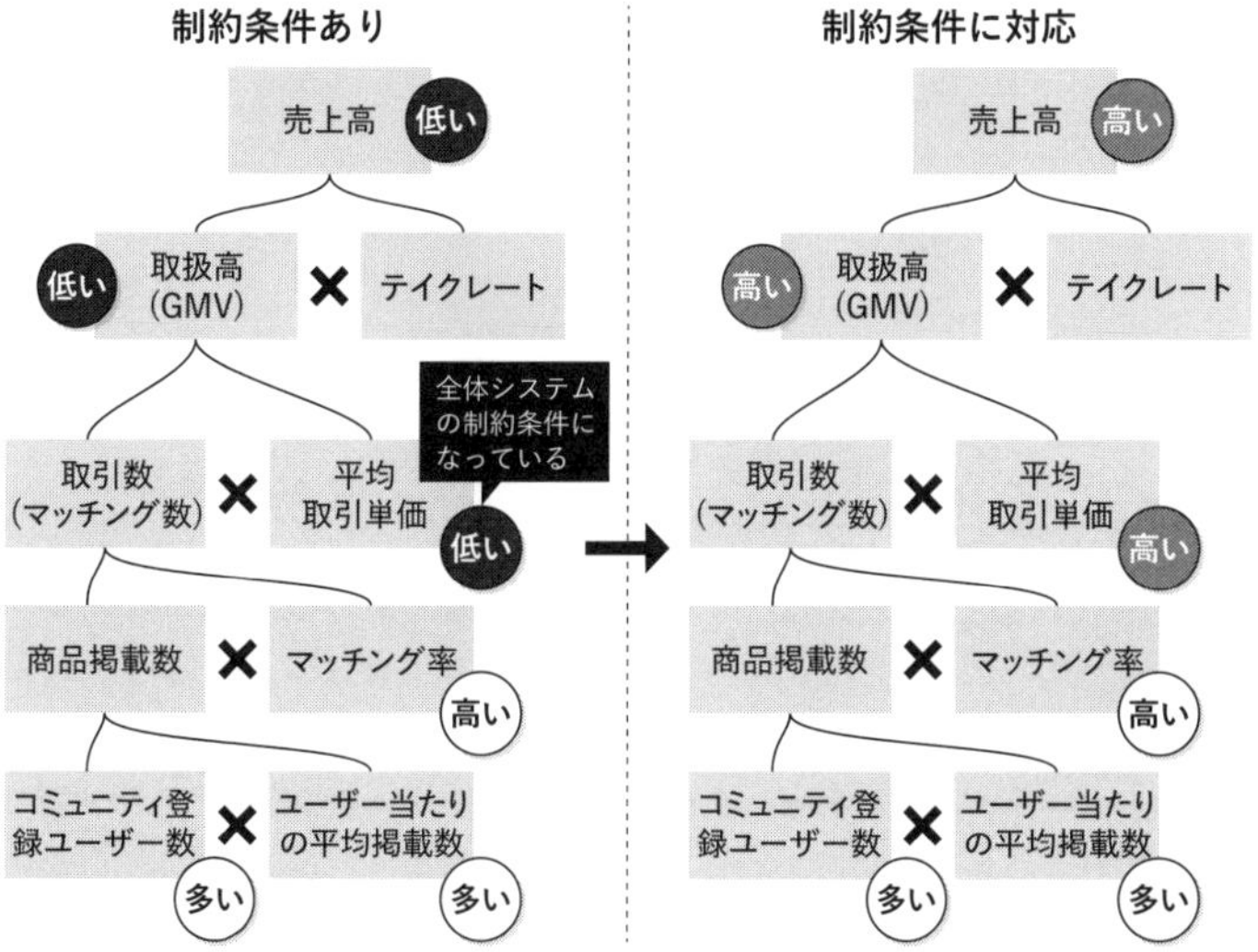

田所「例えば、山田さんのやっている中古船売買ビジネスが、この図（図表43）の左側のような状態だったとします。つまり、マッチング率、掲載数、ユーザー数などが健全であるにもかかわらず、全体としてパフォーマンスが低く、分析してみると、平均取引単価が低く、マッチングが成立しても、大した売上にならないことが判明しました。どうすればいいと思いますか？」

山田「平均取引単価を上げる、ということでしょうか？」

田所「はい。おっしゃる通りです。この図（図表43）の右側を見てください。取引単価の高い資材を出品してもらえるように営業したり、出品した人に特典を付けたりといったアクションが考えられますね。結果として、平均取引単価が向上したら、全体の売上高も上がります。つまり、取引単価をKPIにし、この数値の改善につながるアクションに注力することが最も費用対効果が高いとわかります」

新規事業でハマりやすいワナ ㊺

「どこが全体のボトルネックになっているか」を把握していない

新規事業の最初の頃はボトルネックが様々な場所に生じるケースが多いが、事業が進み、改善が進んでくると、特定の箇所で起きるようになる傾向がある。そのため、「どこのボトルネックを解消すれば、一番効果がありそうか（全体の流れが改善できそうか）」を常にモニタリング（監視）することが大事である。その手段として、299ページの図表43のようにロジックツリーを活用する。

山田「なるほど、理解できました。でも、そもそも、こういう因数分解やKPIの設定などは、初期の頃にやる必要はないのでしょうか?」

田所「いい質問です。こういう**因数分解やKPIの設定、制約の解消などは、ある程度、PMFが見えてきたタイミングに始めると良い**と考えています。

なぜなら、初期の頃は、そもそもユーザー数が少なく、正確な数字が取れなかったりします。また、市場セグメントが合っていないために、どうやっても数字がよくならない場合もあります。つまり、ユーザーのエンゲージメントを高める勝ち筋がわかっていない場合が多いからです」

図表44 成功するプロジェクトと失敗するプロジェクト

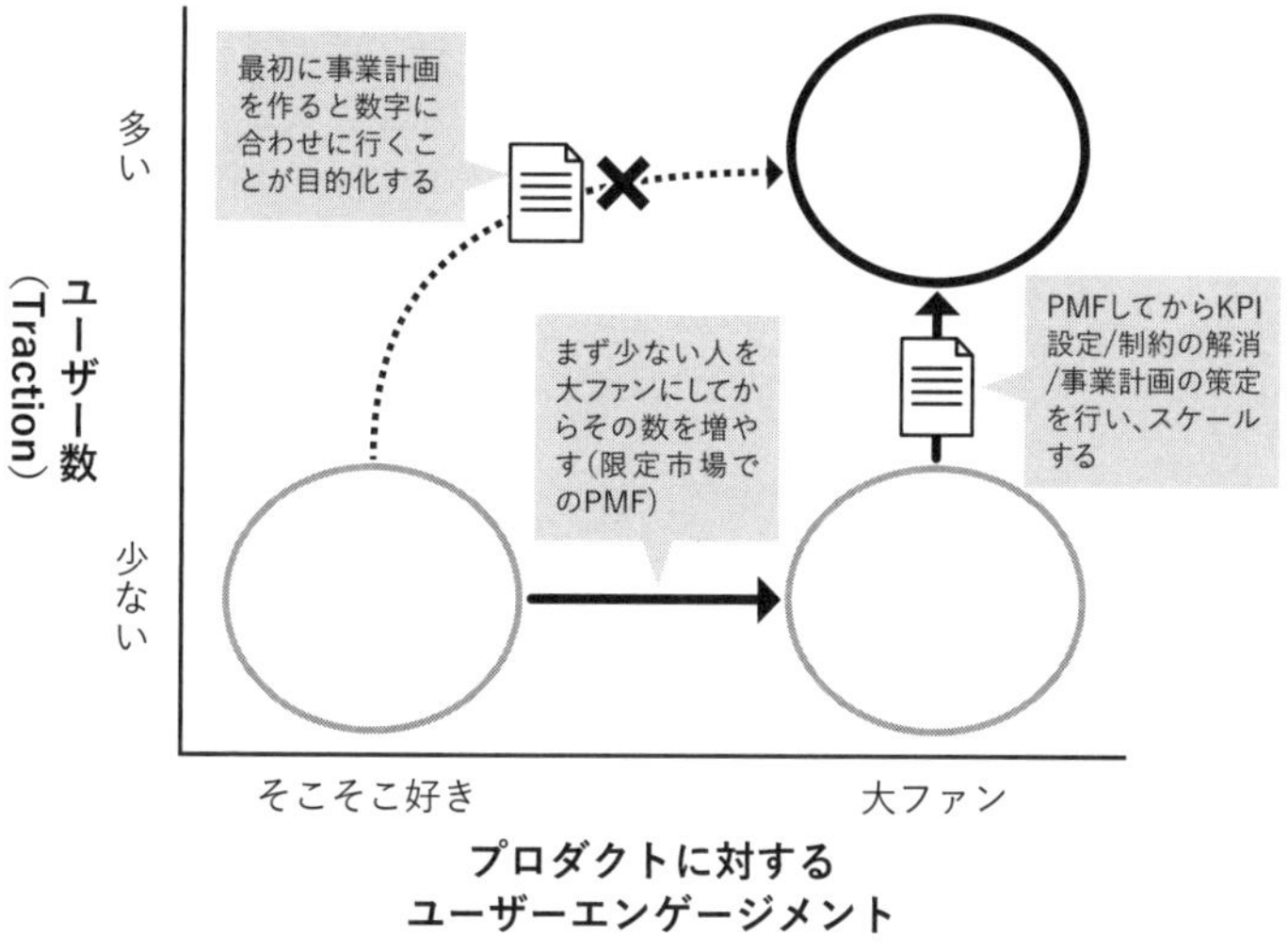
最初に事業計画を作ると数字に合わせに行くことが目的化する
まず少ない人を大ファンにしてからその数を増やす(限定市場でのPMF)
PMFしてからKPI設定/制約の解消/事業計画の策定を行い、スケールする
多い
少ない
ユーザー数(Traction)
そこそこ好き
大ファン
プロダクトに対するユーザーエンゲージメント

山田「なるほど」

田所「**『Rule of Cross 10（ルール・オブ・クロス・テン）』**といって、**まず10人でもいいので、少人数のユーザーを完全にハッピーにすることを考えるのが大事**です。それができたら、どうやったらハッピーにできるのか、その再現性を高めていくことが大事になります。そのために、今回お伝えしたような、KPIの設定を行います。

この図（図表44）を見てください。逆に、プロダクトのエンゲージメントが低い状態で、細かいKPI設計や事業計画の策定をすると、顧客インサイトが不在のまま、数字をでっち上げることになってしまいます。また、数字のでっち上げにかけた時間がサンクコスト化してしまい、数字に合わせることが目的化してしまいます」

山田「そうでした、以前の失敗したプロジェクトを思い出しました」

田所「今、このプロジェクトは、既に熱狂的なユーザーも出てきており、そこに対する勝ち筋も見えてきています。ここから事業をスケールするために、これまでのような分析をやってきました。では、因数分解して作ったロジックツリーを事業計画書に落とし込んでいきましょう」

山田「了解しました。どうやってやったらいいですか？」

田所「まず、この図（図表45）のように、先ほど作った因数分解のロジックツリーをもとにし

図表45 **事業計画書に記載する数字**

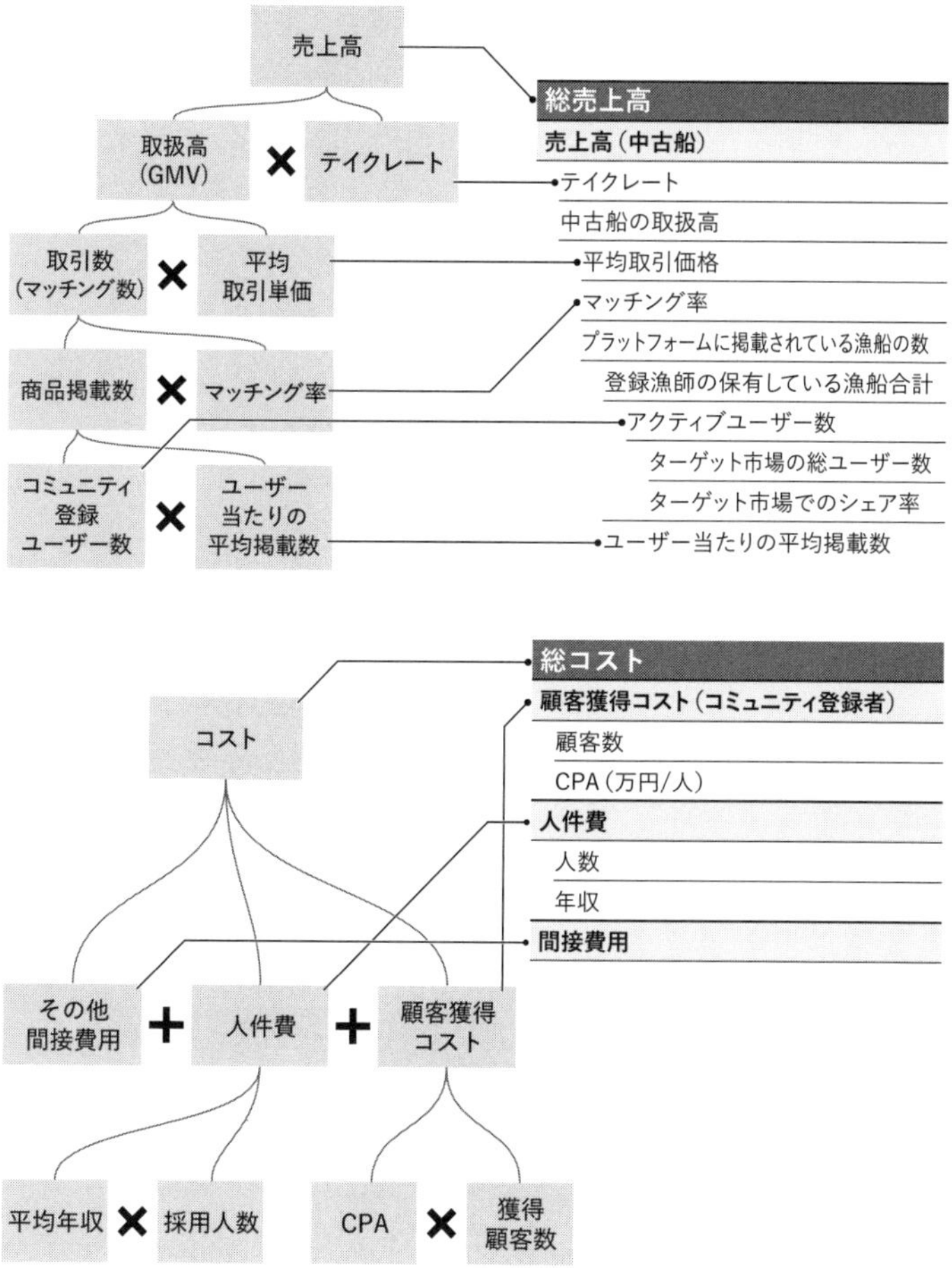

図表46 収支計画

単位：百万円	1年目計画	2年目計画	3年目計画	4年目計画	5年目計画
総売上高	20	160	622	2,520	4,500
売上高（中古船）	**15**	**126**	**516**	**1,920**	**3,600**
テイクレート	20.0%	20.0%	20.0%	20.0%	20.0%
中古船の取扱高	77	630	2,579	9,600	18,000
平均取引価格	10	11	11	12	12
マッチング率	25.0%	25.0%	25.0%	25.0%	25.0%
プラットフォームに掲載されている漁船の数	31	229	938	3,200	6,000
登録漁師の保有している漁船合計	154	1,145	4,688	16,000	30,000
アクティブユーザー数	154	1,145	4,688	16,000	30,000
ターゲット市場の総ユーザー数	308	5,725	23,442	200,000	200,000
ターゲット市場でのシェア率	50.0%	20.0%	20.0%	8.0%	15.0%
ユーザー当たりの平均掲載数	0.2	0.2	0.2	0.2	0.2
売上高（資材）	**5**	**34**	**106**	**600**	**900**
テイクレート	20.0%	20.0%	20.0%	20.0%	20.0%
資材の取扱高	23	172	528	3,000	4,500
平均取引価格	1	1	1	1	1
マッチング率	25.0%	25.0%	25.0%	25.0%	25.0%
プラットフォームに掲載されている資材の数	92	687	2,110	12,000	18,000
登録漁師の保有している資材合計	462	3,435	10,549	60,000	90,000
アクティブユーザー数	154	1,145	3,516	20,000	30,000
ターゲット市場の総ユーザー数	308	5,725	23,442	200,000	200,000
ターゲット市場でのシェア率	50.0%	20.0%	15.0%	10.0%	15.0%
ユーザー当たりの平均掲載数	0.6	0.6	0.6	0.6	0.6
総コスト	58	288	714	1,851	2,750
顧客獲得コスト（コミュニティ登録者）	**31**	**198**	**354**	**1,131**	**1,400**
顧客数	154	991	3,543	11,312	14,000
CPA（万円/人）	200,000	200,000	100,000	100,000	100,000
人件費	**18**	**60**	**240**	**480**	**900**
人数	3	10	40	80	150
年収	6	6	6	6	6
間接費用	**9**	**30**	**120**	**240**	**450**
営業利益	(38)	(128)	(92)	669	1,750

5年間の累積売上 7,822

て、事業計画書に記載する数字——つまり、売上やコストの根拠となる数字——を書き出します」

山田「なるほど。こうすると、売上予測をベースにして事業計画を立てられるということですね」

田所「おっしゃる通りです。ざっくりとシミュレーションしてみた数値をまとめると、この図（図表46）のようになります。ターゲット市場のユーザー数（漁師数）は、先ほど試算しましたよね。1年めがA市、2年めがB県、3年めがC地方、4年め以降が全国と、それぞれの漁師数を入れてあります」

山田「なるほど、ありがとうございます。でも一つ問題があります。このシミュレーションだと、5年間での累積売上が78億円にしかなりません」

田所「はい。これはあくまでシミュレーションなので、例えば、もっと人件費や顧客獲得費用をかけて事業を伸ばすなどのシナリオなどを考えられると思います。**『コンサバティブ（保守的）・ニュートラル（中立的）・アグレッシブ（積極的）』という3つのパターンを用意するケースがよくあります**」

山田「どうやってやるんですか？」

田所「売上の先行指標となる変数——つまり、顧客数やマーケットシェアなど——を調整することにより、最終的な売上の部分が増減します。変数を変えたシミュレーションを3つ作り、この図（図表47）のように『総売上高』『総コスト』『営業利益』を棒グラフで提示するとわかりやすいですね」

山田「いくつかシミュレーションをしてみます！」

田所「今日やったことをまとめると、次のようになります。最初から完璧なものを作ろうとしないことが重要です」

事業計画づくりの手順

①まず全体のビジネスロードマップ（ビジネスモデル×市場軸）を検討

図表47 売上高などのシミュレーションを複数作る

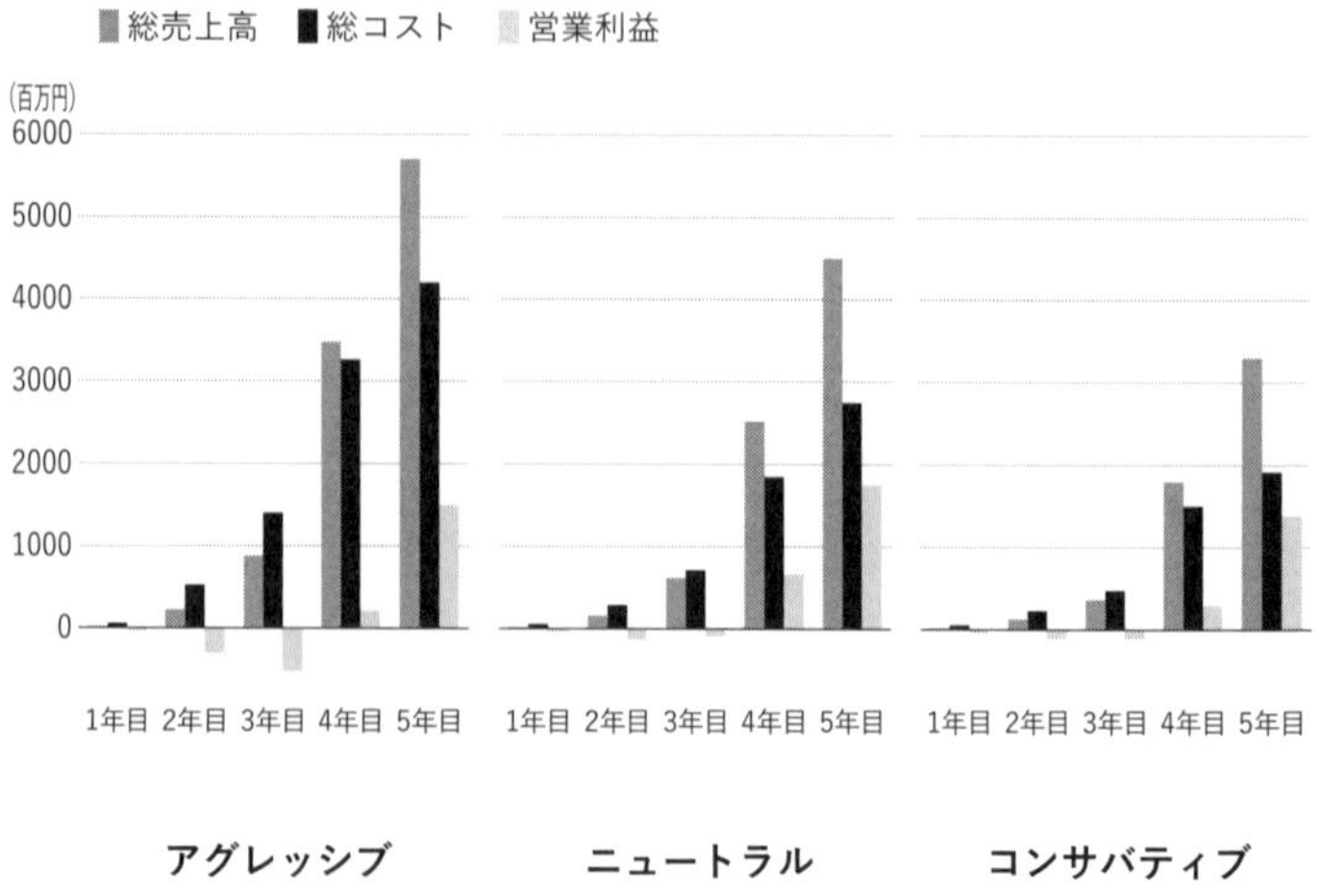

する

②事業の競合優位性を生み出していくための要素を考える

③その要素を生み出すための動的モデル（フライホイール）を作り、可視化してみる

④事業要素の因数分解（ロジックツリー）を作ってみる

⑤5年間の収益モデルを作ってみる（いくつかのパターンを考える）

⑥全体を見て、調整する

山田「ありがとうございます！　このアドバイスをもとに資料を作成し、鮪谷社長へのプレゼンテーションの準備を行います！」

新規事業でハマりやすいワナ ㊻

一つのストーリーしか検討しない

事業計画を作成する時は、複数のストーリー——例えば、コンサバティブ（保守的）・ニュートラル（中立的）・アグレッシブ（積極的）など——を想定することにより、「どれくらいのリソースを投じれば、どれくらいのリターンが生まれそうか」の試算に幅を持たせることができる。また、複数のストーリーを作ることで、「最終的に達成したい数字に向けて、どこの変数（顧客数やマーケットシェアなど）がキーとなるのか」を理解することができるようになる。

「ピッチ」では、聞き手を動かせ

田所「山田さん、では、総仕上げをしましょうか。起業家として大事なことの一つに『ステークホルダーを巻き込むこと』が挙げられます。そのために、『ピッチ（Pitch）』が非常に重要になります。ピッチはスタートアップ用語で、いわゆるプレゼンのことですね」

山田「ピッチは、これまで、ほとんどやったことがないので、あまり自信がありません」

田所「心配しないでください。ピッチで大事なことは、どれくらい深く考えて、仮説構築と仮説検証を繰り返してきたかです。山田さんは顧客との対話を通じて、様々な仮説検証をしましたし、ユーザーからのフィードバックをベースに事業のピボットもしました。大丈夫です。材料はそろっています。

それでは、うまくいくためのピッチのフォーマットがあるので、それを解説しますね」

山田「お願いします！」

田所「ピッチでカバーすべき内容を教示したいと思います。これは、Yahoo!アカデミアの学長・伊藤羊一氏が書いた『1分で話せ』（SBクリエイティブ）という本の内容をベースにしています。順を追って説明しましょう。

最初に、**『自分たちの事業はどういうサービスか』を一言で言ったら何なのか**を考えます。いかに聞き手の注意を引きつけるかがポイントになります。

2番めに課題です。**課題に対する深い理解**を示します。『どういった問題を解決しようとしているのか』『検証した結果、根本的な原因は何か』『代替案に〝5つの不〟のいずれかがあると言えるか』といったことに答えることで、顧客の課題（インサイト）について、どれくらい深い理解があるかを示します」

山田「なるほど。会社概要や自己紹介ではなく、最初は課題について話すんですね」

田所「はい。**ピッチ資料において大事なのは、2ページめ**だと考えています。後ほど詳しく解説しますが、最初の15秒で聞き手の『注意（Attention）』をぐっと引きつける必要があるのです。そのために、自分たちが取り組んでいる課題（インサイト）について語ります」

山田「なるほど。プレゼンでも、インサイトが大事なんですね」

田所「はい。そして、3番めに**独自の価値提案とソリューション**について話します。もし可能ならば、ソリューションのデモ（試作品）も交えてピッチすると有効です。デモを作る際にも、『ユーザーが誰なのか？』を明確にペルソナ設計しておくと、伝わりやすくなります」

山田「なるほど、ここでもペルソナが役立つんですね」

田所「はい。４番めに、聞き手に事業全体に興味を持ってもらうために、**どれくらいの市場規模があるのか**について話します」

山田「これは、以前教えていただいた『どれくらいの潜在マーケットがあるか（ＴＡＭ）』や、『今後、マーケットがどのくらいのサイズになりそうか』について話すということですね」

田所「はい。潜在的な市場規模について語りつつも、最初にターゲットにしている市場セグメントはどこで、そこから、どういうビジネスロードマップでスケールしていくのかを話します」

山田「なるほど」

田所「５番めに、**売上やユーザー数の伸び**を話します。つまり、『実績』の話です。スタートアップ界隈では『トラクション』と呼んだりもします。

現在ウォッチしているＫＰＩは何で、それがどんな感じで伸びているかを話します。これによって聞き手は、さらに興味を持ったり、詳しく聞きたい、投資をしてみたいという『Desire（欲求）』を持つようになるかもしれません」

山田「これは、先ほど、利益のロジックツリーをもとに作った収支計画が使えそうですね」

田所「はい。そして、６番めに、ビジネスモデルやフライホイールなど、**事業の構造**について話すのが有効です」

山田「なるほど。フライホイールはAmazonの事例でご説明いただいたやつですね」
田所「ここからは、チームの説明や、顧客の声などの実情、顧客獲得プランなどを、残された時間を勘案して話します」
山田「わかりました。最後はどうやって締めたら良いですか？」
田所「そこが一番大事なポイントになります。**プレゼンテーションやピッチのゴールは、聞いた相手に動いてもらうこと（Action）**です。これまで注意を引いて、興味を持ってもらい、いいなと思ってもらいました。その上で、『どういうアクションをしてほしいのか』を伝えることが重要です」
山田「このプロジェクトにおいては、社長から予算承認を取ることですね」
田所「はい。予算承認のためには、今後5年間の収支計画を示した上で、どれくらいの資金が必要になるか、その内訳を説明する必要がありますね。これは、先ほどの資料を磨き込んで準備すればいいと思います」
山田「なるほど」
田所「これに加えて、**社内の新規事業では、なぜ我々がこの事業をやるべきなのか、会社のビジョンや戦略とのつながりが非常に大事になります。**会社の中期計画やビジョンを改めて見直してみて、適切な表現を盛り込みましょう」

山田「なるほど」

田所「あとは、必要に応じて、聞き手の記憶に残したいキーメッセージを抽出して、プレゼンの中で繰り返し語ることも有効です」

山田「承知しました。キーメッセージも抽出してみたいと思います」

田所「『1分で話せ』の中でも指摘されているのですが、プレゼンに『ＡＩＤＭＡ《アイドマ》』のフレームワークを盛り込むことが重要なのです」

山田「ＡＩＤＭＡって何ですか？」

田所「ＡＩＤＭＡとは、『Attention（注意）→Interest（関心）→Desire（欲求）→Memory（記憶）→Action（行動）』の頭文字を取って作られた言葉です。一般消費者が商品やサービスの購入を決めるまでのプロセスを表しています。このフレームワークがあれば、消費者が商品やサービスを見た瞬間から購入に至るまでのプロセスを細かく考えることができます」

山田「なるほど」

田所「プレゼンにおいても、このＡＩＤＭＡを意識した構成にすると非常に有効です。

新規事業でハマりやすいワナ ㊼

相手を動かせない、巻き込めない

新規事業のプレゼンにおいて大事なのは、プレゼンを聞いた相手に動いてもらうことである。「どのように動いてほしいか」をきちんと考えた上で、プレゼンの組み立てを行うことが重要である。上記で説明している「ＡＩDMA（アイドマ）」などが参考になる。

まず、『Attention（注意）』を引く。ピッチでは最初の2〜3ページで聞き手の注意をひくことです。ここで、インサイトや独自の価値提案などを伝えると有効でしょう。

次に、『Interest（関心）』です。ピッチでは、序盤に聞き手の関心を高める論点——例えば、『なぜ、この市場が魅力的なのか』『なぜ、今この事業に乗り出すのか』など——について伝えると有効です。

次が『Desire（欲求）』です。ピッチでは、ソリューションのデモを通じて、『もっと知りたい』『使ってみたい』と思わせたり、トラクションの伸びを示すことによって、『この事業に投資したい』という欲求を高めたりします。

『Memory（記憶）』も意識します。ピッチでは、インパクトのある数字や、顧客のストーリーを伝えることで、聞き手の記憶に内容を刻むことが重要になります。

最後が『Action（行動）』です。つまり、ピッチのクロージング（締め）で、次のアクションを明確にして、聞き手にアクションを起こさせることが大事になります」

山田「田所さん、ありがとうございます！　確かに既に材料はそろっていますね。今まで私がやってきたことで作成できそうです。なんとか、がんばってきます！」

エピローグ

このプレゼンの後、山田の案は見事に社内承認され、予算が下りることになった。

ここに至るまでに、新規事業担当者として、様々な困難や壁を乗り越えながら、新規事業プロジェクトを〝事業〟へと成長させる機会をつかんだのだった。

本書で解説してきたように、「新規事業」と「既存事業」の進め方は、例えるならば野球とサッカーくらい、方針や方法が異なる。しかし、多くの新規事業担当者が、本書の山田が最初の頃そうであったように、その違いもわからずに「悩み」「悪戦苦闘」している。

悩むことや、悪戦苦闘することは、自分自身の気概の発見ややり抜く力を高めることにつながることもある。そのため、新たな事業を始める際の「通過儀礼」とも捉えることができる。

しかし本書で伝えたかったことは、新規事業担当者が抱える多くの「悩み」「悪戦苦闘」が、新規事業においてはむしろ忘れるべき既存事業の枠組みに囚《とら》われた「思考の癖」に起因しているということだ。

拙著の『起業の科学』においても、そのような思考の癖を「スタートアップが避けるべき7つのアイデア」（36ページ）や「一般企業では正しいとされることが多くても、スタートアップが成功するためには避けるべき行動、思考パターン」（42ページ）として紹介した。
本書では、その「思考の癖」や「間違い」をより臨場感・手触り感を持って理解し、納得してもらうために、「ストーリー」の中に組み込んだ。

事業会社による新たな新規事業（研究開発も含む）への投資は売上の5％と言われており、国内の法人売上が年間700兆円なので、実に35兆円ものお金が新規事業に注ぎ込まれているとも言える（広義において）。

ただ、その多くが、「既存事業の思考の癖」に囚われて、無駄になってしまっている。そんな状況を打開する一助とするべく本書を書き上げた。

私は、事業会社による新規事業やスタートアップというのが、「明日の世界」を作ると信じているし、新しい事業を作ることほど「面白い仕事」は他にはないと信じている。だからこそ、「スタートアップ起業塾」などを通して、たくさんの新規事業の後押しをしている。

これから事業を立ち上げる方や、既に事業を立ち上げて試行錯誤している方が本書を手に取り、道標の一つとしてご活用いただければ、これ以上に嬉しいことはない。

2021年8月

田所雅之

● NPS ……………………………………………………………… P234、266など
「Net Promoter Score（ネット・プロモーター・スコア）」の略。「正味推奨者比率」とも言われる。外資系コンサルティングファームのベイン・アンド・カンパニーなどが開発した顧客の満足度を表す指標

● PMF ……………………………… P35、63、87、115、239、265、275など
「Product Market Fit（プロダクト・マーケット・フィット）」の略。製品と市場が一致し、ユーザーが本当に欲しがるものを作れている状態のこと。同じく「PMF」でも、自分たちが作りたいものを作る「Product Me Fit（プロダクト・ミー・フィット）」とは区別する必要がある

● PSF ……………………………………………………………… P35、178、269
「Problem Solution Fit（プロブレム・ソリューション・フィット）」の略。解決すべき課題に適した解決策を見いだせている状態（課題と解決策の一致）のこと

● SAM ……………………………………………………………………… P123など
「Serviceable Available Market（サービサブル・アヴェイラブル・マーケット）」の略で、通称「サム」。狙っている顧客セグメントの市場規模

● SOM ……………………………………………………………………… P123など
「Serviceable Obtainable Market（サービサブル・オブテイナブル・マーケット）」の略で、通称「ソム」。実際にアプローチして獲得できるであろう市場規模

● TAM ……………………………………………………………………… P123など
「Total Addressable Market（トータル・アドレッサブル・マーケット）」の略で、通称「タム」。ある市場の中で獲得できる可能性のある最大の市場規模。つまり、商品・サービスの総需要のこと

● UI …………………………………………………………………………… P151、176
「User Interface（ユーザーインターフェイス）」の略。プロダクトの見た目のこと

● UX ……………………………… P151、227、231、242、282、287など
「User eXperience（ユーザーエクスペリエンス）」の略。317ページ参照

● **フライホイール（Flywheel）** …… P282、307など
ビジネスが回り続ける仕組みを把握するためのフレームワーク。事業の競合優位性を生み出していくための「動的モデル」とも言える

● **ペイン(Pain)** …… P58、84、88、91など
顧客が感じている不満や不安などのこと。「ニーズ」と言い換えることもできる

● **ペルソナ(Persona)** …… P36、41、42、223、309など
具体的な想定ユーザーのこと

● **ユーザーエクスペリエンス(User eXperience)** …… P227、231、282など
ユーザーが一つの製品やサービスを通じて得られる総合的な体験のこと。「UX」とも言われる

● **ユニットエコノミクス(Unit Economics)** …… P213、216、218、238、264など
「顧客1人当たりの採算」のこと

● **リーンキャンバス(Lean Canvas)** …… P118、201など
9つの要素で事業プランを整理するフレームワーク

● **CPA** …… P212、216、218など
「Cost Per Acquisition（コスト・パー・アクイジション)」の略。「顧客獲得コスト」とも言われる

● **CPF** …… P35、131、269
「Customer Problem Fit（カスタマー・プロブレム・フィット)」の略。顧客が解決したい課題を把握できている状態（顧客と課題の一致）のこと

● **CSF** …… P287
「Critical Success Factor（クリティカル・サクセス・ファクター)」の略。事業戦略を策定する際に、その目標・目的を達成する上で決定的な影響を与える要因（主要成功要因）

● **DX** …… P16、232など
「Digital Transformation（デジタル・トランスフォーメーション)」の略。IT（情報技術）を活用し、ビジネスモデルや組織を変革すること

● **LTV** …… P213、218、227など
「Life Time Value（ライフ・タイム・バリュー)」の略。「顧客生涯価値」とも言われる。1人の顧客が生涯で生み出す利益の総額を予測するための指標

● **MVP(MSP)** …… P24、90、147、149、176、183など
「Minimum Viable Product（ミニマム・バイアブル・プロダクト)」の略。必要最低限の機能だけを搭載した製品。様々な形のMVPがある（148〜152ページ参照）が、その中の「顧客フィードバック用MVP」は「MSP」とも言われる。「Minimum Sellable Product（ミニマム・セラブル・プロダクト）の略で、「製品を作る前に、売れるかどうか検証する」ために使える製品を意味する

主な用語の解説　（五十音順、ABC順）

●**アーリーアダプター**(Early Adopters) ……………………………… P38、51、52、86、97など
課題を認識していて、積極的に課題を解決しようとしているユーザー。「初期ユーザー」とも言う

●**エンパシーマップ**(Empathy Map) ………………………………………………… P43、45など
「他人の心情を汲むこと」を「Empathy」という。顧客視点に立った仮説を深掘りするためのフレームワーク

●**カスタマーサクセスマップ**(Customer Success Map) ………… P238、243、256、259など
顧客が満足した状況を「Success（成功）」と捉え、そこまでの道筋を明らかにした図

●**カスタマージャーニー**(Customer Journey) ……………………………… P56、91など
顧客が実際にどのように行動をしているのかを描写するためのフレームワーク

●**カルチャーフィット**(Culture Fit) ………………………………… P136、170、194など
プロジェクトメンバーが顧客の課題を解決したいという思いに共感できている状態

●**顧客エンゲージメント**(Engagement) ……………………… P235、237、254、258、267など
顧客の商品やサービスに対する思い入れや愛着

●**ゴー・トゥー・マーケット**(Go To Market) …………………… P85、87、124、203、223など
市場全体を俯瞰した上で、各市場セグメントを比較しながら、事業可能性を検討するためのフレームワーク

●**ジョブシャドウイング**(Job Shadowing) …………………………………… P92、157など
調査者がユーザーの特定の活動を観察して、ユーザーの行動と経験を記録する方法

●**スタートアップ**(Startup) …………………………………… P1、37、69、88、96、197など
新たな市場を見つけ、巨額のリターンを得ることを目指す企業のこと

●**センターピン** ……………………………………………………………… P39、86、203など
ボウリングでセンターピンを倒すと、その背後にある他のピンも次々と倒れていく。同じように、スタートアップが最初に狙うべき市場のこと

●**ソリューション**(Solution) ………………………… P20、34、52、61、106、119、178など
解決策。顧客（ユーザー）が抱えている課題を解決するプロダクト（製品）やサービスのこと

●**ビジネスロードマップ**(Business Road Map) ……………………… P276、288、306など
これから数年間にわたって、どの市場をターゲットにして、どのようなビジネスモデルを展開していくかを整理するためのフレームワーク

●**ピッチ**(Pitch) ……………………………………………………………… P99、308など
スタートアップが事業内容をアピールするイベント

●**ファウンダー・イシュー・フィット**(Founder Issue Fit) ……………………… P192、271
ファウンダー（創設者、新規事業の責任者）が解決すべき顧客課題（イシュー）に強く共感している状態のこと

田所雅之（たどころ・まさゆき）

1978年生まれ。大学を卒業後、外資系のコンサルティングファームに入社し、経営戦略コンサルティングなどに従事。独立後は、日本で企業向け研修会社と経営コンサルティング会社、エドテック（教育技術）のスタートアップの3社、米国でECプラットフォームのスタートアップを起業し、シリコンバレーで活動した。日本に帰国後、米国シリコンバレーのベンチャーキャピタルのベンチャーパートナーを務めた。また、欧州最大級のスタートアップイベントのアジア版・Pioneers Asiaなどで、世界各地のスタートアップ約1500社の評価を行ってきた。日本とシリコンバレーのスタートアップ数社の戦略アドバイザーやボードメンバーを務めている。2017年、新たにスタートアップの支援会社ユニコーンファームを設立し、代表取締役社長に就任。これまでの経験を生かして作成したスライド集『スタートアップサイエンス2017』は全世界で約5万回シェアという大きな反響を呼んだ。現在、起業家向けの塾「スタートアップ経営者塾」などを主宰している。著書に『起業の科学』(日経BP)、『起業大全』（ダイヤモンド社)などがある。

ユニコーンファーム
https://unicornfarm.jp/

スタートアップ経営者塾
https://unicornfarm.jp/jukusalon/juku

超入門《ちょうにゅうもん》 ストーリーでわかる
「起業《きぎょう》の科学《かがく》」

2021年9月30日　第1刷発行

著　者　田所雅之
発行者　三宮博信

発行所　朝日新聞出版
〒104-8011 東京都中央区築地5-3-2
電　話　03-5541-8814（編集）
03-5540-7793（販売）

印刷所　大日本印刷株式会社

Published in Japan by Asahi Shimbun Publications Inc. ISBN978-4-02-331960-8